学級経営365日実物資料

プロの日常活動入手！　珠玉のダイアリー

村野 聡 著

学芸みらい社
GAKUGEI MIRAISHA

まえがき

私が2年連続で3年生を担任した時のダイアリーをサークルの大谷貴子先生が冊子にまとめてくださったのが本書の原型である。

大谷先生ご自身が久しぶりに3年生の担任となり、先行実践を探す中で、私のダイアリーが役に立ったのだそうだ。

そのことがきっかけで多くの方にも見ていただける形を考えてくださったのである。ありがたいことだ。

新型学級崩壊明けの私は失意の中、10数年ぶりに3年生を担任することになった。これまでの自分が様々な形で変わった1年となった。

ちょうどこの時期の私の実践は河田孝文実践に大きく影響を受けた時期でもあった。河田実践を次々に教室に持ち込み追試した。特に集合知の授業は討論を実現させるための有効なステップになった。かなり徹底した、一貫した指導に目覚めた時期であった（この歳で）。

ダイアリーを読み返すと、討論を目指した生々しい実践の跡が読み取れる。「話す・聞くスキル」の日常的な活用、日々の指名なし発表等、すべては討論を成立させるための基礎トレーニングであり、すべてをリンクさせようとしているのである。そのあたりを汲み取って読んでいただけるとより有効だと思う。討論を目指す先生方の参考になれば幸いである。

また、作文指導の様子もかなり詳細に記録している。教科書の作文単元を2時間で終える実践、個別評定で子どもの作文力を伸ばす実践等を記している。

個人的には、まだセミナーでしか公開していない「さんねんとうげ」を使った作文指導が好きだ。ぜひ追試していただきたい。

さらに、社会科での実践。向山型社会セミナーで報告した実践のもとになった記録を残している。

保健の授業の全発問全指示も3年生の担任には役に立つと思う。

この冊子の出版を学芸みらい社の樋口雅子氏が勧めてくださり、このような形で実現した。この場をお借りして御礼申し上げる。

本書は元の冊子の中から厳選したダイアリーで再構成した。

読んだ先生方に追試が可能な情報に絞った。

大谷貴子先生が「役に立った」と認めてくれた実践がつまった本書を多くの方に読んでいただければ幸いである。

２０２０年2月1日

村野　聡

小学3年担任ダイアリー「１年間のタイムスケジュール」

討論を目指した基本技能のトレーニング	4月	5月	6月	7・8月	9月	10月
	基礎・基本トレーニング期					成果発芽期
発信力	自分から意見を発信できるようにする期間。主に指名なし全員発表を毎日数回行うことで達成させる。					成果が具体的に見え始める時期
発信力	初日から指名なし発表全員成功×２ 指名なしは当たり前		指名なし音読のスピードを上げる			帰りの会の感想発表
発声力	相手に届く大きさの声が出せるようにする期間。主に「話す・聞くスキル」（音読集）を毎日行うことで達成させる。					
発声力	初「話す・聞くスキル」 朝自習の話す・聞くスキル 個別評定をもっと たけのこ読み	指名なし音読に挑戦 話す・聞くスキル効果が出てきた 話す・聞くスキル個別評定				話す・聞くスキル効果
対話力	話し合いのキャッチボールに慣れるようにする期間。主に「集合知」（河田孝文実践）を毎日行うことで達成させる。					
対話力	初社会科で集合知 集合知の質疑応答を教える 集合知成立	集合知は全員に書かせなければ意味がありません 討論では「逃げ道」を教える 3年生の集合知の授業 集合知から自然発生する討論	集合知の指導新たなステージ ライバルは友達か？	3年生の討論 学級資料集から集合知へ	学習技能を鍛える	集合知効果

5　小学3年担任ダイアリー「1年間のタイムスケジュール」

自分の考えを大量に書くことができるようにする期間。主に論理的文章の型を教え毎日の日記で達成させる。

作文力	日記	3年道徳ノート 作文指導と日記の連動 長く書く指導 日記指導好調 3年説明文「言葉で遊ぼう」	3年生の「4コマまんが作文」 集合知のノート	こうやって波及させる。「気になる記号」報告文 山積み評定法 記号作文がんばる	日記を100点満点で評定する	4月からの作文指導を一斉評定する 日記の漢字使用率を上げる方法 常体文マスター 日記・漢字使用500越え 論理を教える 早速、竹岡実践の追試 友達の日記への感想 ちいちゃん日記シリーズ
授業研究	集合知に必要な学習技能 3年社会科「まちたんけん」の前に	3年社会科で討論の授業①～⑤「わたしたちのまち」 体育にもシステムを入れる 国語辞典初指導 まちたんけん たんけん絵地図	参観授業第1時「算数」 3年社会科で討論の授業⑥「買い物調べ」 黒板指示→多読の指導 「□に二画」の授業対決 本日、270回目の研究授業 TOSSメモを使った授業 自作「野鳥版　おてほんくん」	東西南北の覚え方 算数教科書の単元まとめ練習問題のやり方 ファンタジー教材の扱い方 向山学級の「社会科まとめ」の方法	初日から国語授業 「おてほんくん」鳥編・またつくった 「おてほんくん」で大喜び 小中一貫で算数授業 車偏の漢字	指導案をB4一枚に収めてみた 微差力? 「友だち」の道徳授業 河田先生のフォトコラージュ初挑戦! フォトコラージュ2 漢字テスト全員満点達成!!
特別支援 学級経営	子供の名前は座席で覚える 明日、教室初対面 名前を覚えて子供と出会うということ		注意したくなったらほめる 10割できていないとほめない	「方面」配り? 分担なしで大掃除 大掃除前の語り 残暑見舞いに旅先のスタンプ 新学期の準備 明日から2学期	2日目の予定	トラブル続き Kちゃん。穏やかモード Kちゃんをめぐる女子
教師修業	研究計画をB4一枚にまとめてみた 1日1実践	研究授業荒稼ぎ プチ講座	研究発表会終了			向山型作文指導 教師修業は刺激的な人をみつけること 竹岡先生をお招きしての校内研修

完成期		成果充実期		
3月	2月	1月	12月	11月

成果充実期（11月・12月・1月）

- 発言することがほぼ当たり前になる子がほとんどとなる。
  - 3学期も繰り返す
- よく届く声で発声できる子がほとんどになる。
  - 明日から3学期！
  - 学習発表会
- 集合知の授業の技能を多くの子が身に付ける。
  - ゲストティーチャーの話にメモ
  - 道徳の討論
  - 集合知から討論へのステップ

1月：話し合いが討論らしくなってくる時期

完成期（2月・3月）：しばしば討論が成立するようになる時期

論理的文章や大量の作文を多くの子が書くことができる。

3年生の書いた説明文 ブレイクスルー1・2 驚異の18ページ日記	見たこと作文		本日の日記	16時間作文単元を2時間で終える 宿題で「報告書」 1年間指導したことがリンクする 今度は「豆太」作文
切り絵3行詩 花丸コレクション1・2 「三年とうげ」の指導計画1・2	「三年とうげ」のパロディに熱狂中 三年とうげのパロディ 見開き2ページまとめ1・2 「〜しい」の授業で大ウケ 子供の感想に感動	向山実践「豆電球」の追試 資料の読み取りは解釈を入れて 「雪」(三好達治)の風景描写 酒井式?笑顔 漢字テストの結果1・2	昔の写真に合わせて今の写真を撮る 「本で調べて、ほうこくしよう」のワークシート 向山型算数風「3年保健の授業」全4時間の指導 資料から分かったことをスピーチ お助けサッカー	3年生「昔の道具調べ」1・2 村野先生はやさしいか厳しいか
	今年もやりました。大掃除ビンゴ!	無人島 新年は楽しいことを 席書会 トラブル対応の原則 「群れ」と「集団」の違い	トラブル	3年生さようなら集会の企画書 いよいよ明日は解散パーティー 別れ
尊い 圧倒的知力 1時間の授業の密度	模擬授業の成果			

目次

I　1学期＝基礎基本トレーニングの授業設計

4月　よい出会いの環境づくり

基礎技能トレーニング期

「授業の決まり」を教える

5月　子ども行動力を授業に！本格指導へGO　社会科の授業設計は討論への地ならし

社会科で〝授業討論〟土台づくり

集合知の自然発生までの道程

Ⅱ　2学期＝子どもの成長と伴走！　楽しく教師修業

9月　2学期の出発―慣れをブッ壊すクオリティオブライフ

10月　「自分の実力」ってやっぱり出ちゃう！　出番待ちファイル

Ⅰ

1学期

基礎基本トレーニングの授業設計

討論できる学級づくりを目指して

3年生を同じ学校で2年連続教えた経験が1度ある。本書はTOSS・SNSに記録してきたその2年間のダイアリーからセレクトして構成した。基本ベースは1年目の記録で構成した。2年目にしか実践していない内容で有益情報になりうるダイアリーをそこに時系列として組み込んだ。したがって、本ダイアリー集は同一の学級での実践ではないことをお断りしておく。

ダイアリーなので、その時々で自分が教師として最も興味をもっていることを記している。一見ランダムに書かれているダイアリーのように見えるが、いくつかのカテゴリーに整理できることに気が付いた。

まず、私がこの2年間に一番こだわっていたのが、

討論できる学級づくり

であった。

「討論できる学級」をつくるためには、日常的指導が欠かせない。その基本になる4つの力を意識して指導してきた。

「発信力」「発声力」「対話力」「作文力」である。

「発信力」とは意見を発信することの抵抗を除去し自ら発信することのできる力である。

「発声力」とは音量のある声で発言できる力である。

「対話力」とは友達と言葉のキャッチボールができる力である。

「作文力」とは思考力と言い換えてもよい。書くことで思考する力である。

本書では4つの力をいかにして身に付けさせようと日常的に奮闘してきたのか、かなりはっきり読み取ることができる。

4つの力の具体的な指導法は以下の通りである。

「発信力」……全員指名なし発表。毎日数回は行う。

「発声力」……正進社教材「話す・聞くスキル」を朝の時間、国語の時間に毎日必ず行う。

「対話力」……河田孝文氏の「集合知」の授業を毎日繰り返す。国語、社会、道徳は集合知で授業する。

「作文力」……日記である。毎日書かせる。ただし、丸投げではなくテーマ日記だ。

要するに、この４つの力は「毎日」トレーニングする必要がある。毎日やったことしか子どもの力にはならないのである。

したがって1学期のダイアリーにこの４つの内容が多く記述されているのは当然のことである。

ＳＮＳに記録するダイアリーはただの私的な日記ではない。多くの方の目を通る。よって、自分の実践の中から効果的であり、他に分かち合えるものを記録するようにしている。

本書では以上のような「討論を目指した基本技能のトレーニング」の他に、「授業研究」に関わる実践も50以上の記録を掲載した。

それ以外に「特別支援（学級経営）」「教師修業」についても掲載した。

今や「特別支援」は学級経営を左右する大切な視点となった。この2年間で担任したそのような子どもとの格闘の記録も残した。

授業研究や学級経営も含む教師としての「修業術」についても時々書いた。

私も正直、自信をもって実践していることはほとんど皆無である。本当にこれでいいのだろうかと自問自答しながらの実践の日々である。そのような毎日の中で教師として成長しようとする姿を「教師修業」の一環として示した。

以上の年間スケジュールをまとめたのがＰ４~７の表である。年間を通していつ何を実践しているのかがご理解いただけると思う。

4月　よい出会いの環境づくり

子どもの名前は座席で覚える　４・５

座席に名前順でスタートする。

座席表を書き、号車ごとに覚える。覚えやすい。

隣の子との関連でも覚えやすい。写真も見ながら。大体覚えたぞ。

集合知に必要な学習技能　４・５

思うままに列挙する。

・写真等、資料の読み取り能力
・ノートに自分の意見を書く技能（アウトラインの指導）
・要約力
・発表への耐性（毎日の指名なし発表）
・届く声（話す・聞くスキルの使い倒し）
・黒板に字を書く技能

明日、教室初対面　４・７

今日は始業式だった。本校は校庭のみの顔合わせ。

明日は教室初対面。黒板には伴先生風のメッセージ。楽しみだ。

研究計画をＢ４・１枚にまとめてみた　４・８

今年は教務主任を降りて研究主任へ。研究の計画をＢ４・１枚にまとめてみた。まとめることで見えてくるものがある。

平成27年度校内研究　研究主題　身を乗り出す授業作り　子どもが意欲的に学習に取り組む指導法の工夫

2015.4.16

昨年度までの成果

平成24年度「身を乗り出す授業づくり」というテーマで授業改善に取り組んだ。初めは子供の心をつかむだけの奇をてらった資料だったり、パフォーマンスをしたりすることで、身を乗り出させようとしていた。もちろんそんな惹きつけ方は、一瞬の「身を乗り出す」であって、本当の「身を乗り出す」ではない。

学びの連鎖

僕らがねらっている「身を乗り出す」とは、「よし、もっとやろう」「これも知りたい」と学びがつながっていくこと。学びの連鎖を積み重ねていけば、それが考動力へと変わっていく。

チーム四小が辿り着いた「身を乗り出す」ためのポイント。それが次の三つだ。

①　知的好奇心

11 チーム研究部 授業づくりの視点	ワクワクする気持ち ポイント①「知的好奇心」

こんな声やつぶやきが欲しい → そのための手立て

- よし！ ちょっとがんばればできるぞ！ → 言葉かけ
- すごい！ → 魅力的な教材
- えっ、違うの？ → 導入の工夫
- なるほど！ もっともっと！ → 体験の重視
- めあてを達成できたぞ！ → 段階的な課題の提示
- ということは？ そうなんだ！ → 意見交流の充実
- じゃあ、これも調べてみようかな♪ → 資料の提示方法
- 次はあれもできるようになりたい！ → 具体的なめあてをもたせる
- 家でもやってみよう！ → 終末の工夫

（中央：知的好奇心）

単なる興味・関心をもつだけでなく、そこから学習を広げたり深めたりする。知的な高まりを実感したとき、さらなる学習へと連鎖していく。

昨年度までの課題

○身を乗り出す

「どうすれば子供が身を乗り出すか」「今自分は身を乗り出しているか」を考える。まずは教師が範を示し、身を乗り出す。

○授業力の向上

年度末までにできるだけ多くの授業公開を行い、自分自身の授業を見直し、授業力を高める。チーム四小は、子供も教師も自分にできることを考動していく。たくさんの授業を公開することで教師の授業力を向上させる。

②安　心

12 チーム研究部 授業づくりの視点	子供たちが安心して学習や生活をするために ポイント②「安心」

こんな声やつぶやきが欲しい → そのための手立て

- ここで半分くらいだな。よし、大丈夫だ。 → 見通しをもたせる
- 認められた。 → 言葉かけ
- いつもやっていることだ。 → システムづくり
- 間違えてもいいんだ。 → クラスの雰囲気
- 教えてもらおう。 → 教師との人間関係
- これがポイントなんだな。 → 板書の工夫
- 繰り返し練習すれば、きっとできるようになる。 → 継続的な取り組み
- 思い出したよ。前にやったことがあるぞ！ → 基礎・基本の徹底
- よし、集中するぞ！ 前にやったことがあるぞ！ → リズム・テンポ
- コツ、コツ、コツ…、（秘訣の数） → 端的な説明や指示
- 今度はこうするんだな。 → 段階的な課題

（中央：安心）

過去に経験したことのある方法を用いたり、基礎・基本をおさらいしたり、個別に特別支援教育的な手法を用いたりして、子供の学習を支援していく。「分かる」「できる」と実感することが増え、安心して学習に取り組めるとき、さらなる学習へと連鎖していく。

③仲　間

13 チーム研究部 授業づくりの視点	仲間と一緒だと、もっと楽しくなる。 ポイント③「仲間」

こんな声やつぶやきが欲しい → そのための手立て

- おめでとう！ さすがだね！ → 達成感のある取り組み
- 僕の考えはね。友達はどう考えるのか…！ 話し合って、分かったよ。 → 意見交流の充実
- がんばれ！ せーの！！ ありがとう！ → 言葉かけ
- 僕もやってみたい！ まねしてみるね。 → 作品等の紹介
- 僕もやってみたい！ 僕だってできるぞ。 → グループ編成
- そのやり方いいね！ こうするといいよ。 → 相互評価
- 一緒にやったらできそうだ。一人よりもみんなでできるとうれしい！ → クラスの雰囲気

（中央：仲間）

友達とかかわりをもちながら学習することで、お互いに切磋琢磨することができる。学び合い、高め合える仲間がいるとき、さらなる学習へ連鎖していく。

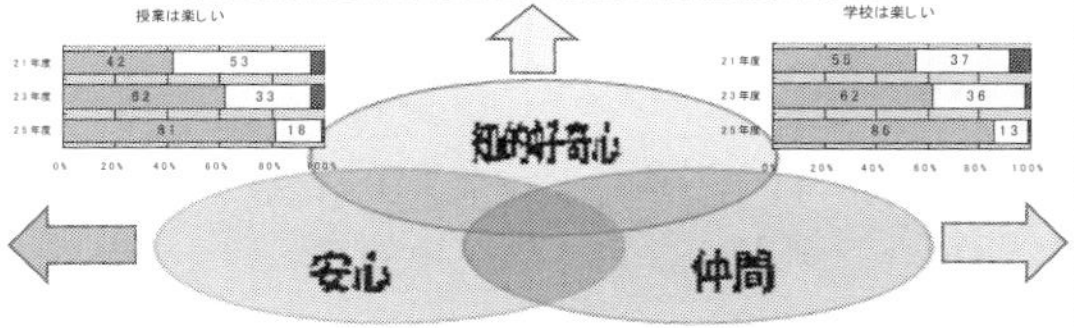

授業は楽しい

21年度	42	53	
23年度	62	33	
25年度	81	18	

学校は楽しい

21年度	55	37	
23年度	62	36	
25年度	86	13	

（知的好奇心・安心・仲間）

児童の実態

昨年度の実態調査では「授業が楽しい」（身を乗り出している）と答えた児童が99%に上った。

本年度の研究のねらい

①　昨年度までの研究の成果に基づき、さらに「身を乗り出す」授業の実践例を創っていく。また、「身を乗り出す授業」のポイントを新たに見い出す。　②　プチ講座を月１回程度行い、職員同士の学びの場を作る。　③日常的にプチ授業を公開する。

研究組織

次の４分科会とする。専科は各分科会に所属する。

- 低学年分科会
- 中学年分科会
- 高学年分科会
- つくし分科会

①授業研究

第1期　研究主題の設定と検証

４月１６日（木）校内研究アウトラインの提案
　分科会テーマの設定
５月　各分科会でプチ授業を行い、検証を行う。
６月２４日（水）ブロック研究授業（分科会ごと）
８月２７日（木）中間まとめ

第2期　分科会提案授業研究

１０月２１日（水）研究授業①
１０月２８日（水）研究授業②
１１月１８日（水）研究授業③
１１月２５日（水）研究授業④

第3期　研究の成果と課題の発表

１２月１５日（火）研究のまとめ
２月２４日（水）　校内研究発表会準備
３月８日（火）　校内研究発表会

＊教科・領域は問わないが「身を乗り出す授業」になるようにする。　また、学年間で教科や領域が違ってもよいが、主張の骨格は共通性を見出して提案する。

②プチ講座

本校には得意分野をお持ちの先生方がたくさんいる。身近にいる先生から学ばなければそれは損である！そこで、月に一度程度、講師をお願いし１５分間のプチ講座を実施する。
実技、模擬授業、発表など　実施時間：原則　金曜日の４：３０～４：４５　それぞれの先生にアンケートをとり、講師を研究部で決めていく。

③プチ授業

初日から指名なし発表全員成功×2　4・9

今、書き終えた学級通信より。


いきなり達成！

昨日、子どもたちに自己紹介をしてもらいました。

考える時間はしっかりとりました。どんなことを話せばよいのかも伝えました。

私の授業では「指名」をせずに発表させることがあります。これを「指名なし発表」と呼んでいます。

この方法のよさは、教師の「指名」が入らないので子どもたちだけでテンポのよい発表が可能になる点です。無駄がなく効率的なのです。

1時間の授業は45分間です。この45分間をいかに効率よく（別の言い方をすれば「いかに濃く」）授業するかは極めて重要です。年間を通して比べたらかなりの濃さの差になるでしょう。

というわけで、昨日の自己紹介は「指名なし」で行いました。最初は子どもたちに緊張感が強く、なかなか全員が一発でできることが少ないのが実態です。

おっと、ところが！　全員が自分から立って自己紹介することができた！　のです！

これは快挙です。素晴らしいスーパー3年生だと思いました。

しかも、これも例年のパターンなのですが、前に発表した子と同じような内容の発表をする子が続くことがあります。つまり、自分の発表に自信がなく、考えていた内容を変更して前の子と同じような内容を発表してしまうのです。

今回も少なからずそういう子がいましたが、何人もの子がその子らしい発表をしました。これについても素晴らしいと感心したのです。さらに書けば、初めての指名なし発表で最初に立ち上がるのは極めて勇気のいる行為です。新しいクラスで最初に発表するのですから、大人だって足が震えます。そんな中、一番に立った子は凄いです。強さ、3年1組の子どもたちから感じています。いやあ、今後さらに楽しみです。

帰りの会でも達成！　同じく、昨日の帰りの会でも子どもたちに、

「今日1日の感想を発表します。指名なしです」

と伝えました。1日の振り返りを指名なし発表させたのです。

ところが、ここでも見事に全員が指名なしで発表をすることができました。凄いことだと思いました。

私が今、このようなことを始めたのは、「意見がたくさん言える『口』をもとう」という願いを実現させるためです。

すべては経験。何度も何度も繰り返せば、身に付きます。

1日の中でこのような発表をさらに何回も体験させます。

100回を超える頃、大きな成果を上げていることでしょう。

もう3年生。「自分たちで」を増やそう。

これも「自分たち」でできることの1つだと思っています。

名前を覚えて子どもと出会うということ　4・9

これはただ単に覚えて何も見ずに出席をとることではなかった。

例えば、教室で普通にやり取りをする中で名前を呼ぶのである。

これを初日にやった。効果絶大である。

質問を受け付ける時やちょっと声をかける時、子どもは驚いた。なんで名前を知っているのかと。

そして、「先生はみんなの名前が全部言えそうだなあ」と切り出し、何も見ずに出席へと移る。

全員を呼びあげた後、大きな拍手が起こる。

覚えた名前をごくごく普通の会話の中で使う。今までは間違えていた。

初「話す・聞くスキル」　4・9

今日からスタート。「寿限無」。新しい学級は声が超小さい。この声がどうなるか。

4月一杯を期限にして、変える。

私もまったく同じです。恐ろしいほど声が小さかったです。

これをいったいどう上げていくのか……。

以下、初日で行ったことです。

① 個別評定を多く入れる（○○君の声がいい！）。
② 全体への厳しい評価（合格しているのは○さんだけです）。
　これらをしてもまだ全力とは言えない口の開け方の児童が多いため、次をしました。
③ 全員立たせる。「肩に触れたら合格だよ」触れていく。
　↓半分しか合格は出せなかった。
④ 前歯を見せなさい（教師による例示）。
⑤ 明るく読みなさい。
⑥ うまい男子2名を前に出して、なるほどじいさんの手本をさせた。↓感想を言わせる。

「焦ってはいけない」と思っています。

しかし、目指すべき目標とあまりにもかけ離れた実態のため、少しばかり焦ってしまう自分がいます。

村野先生、この時期はどのように高められるでしょうか。

私も昨年度、超声が小さい学級でした。かなり改善はしましたが、1人で読むときなどの度胸がなかなかつかず子どもたちに申し訳ないことをしたなと思いました。
今年度は話す・聞くスキルを採用しているので、今日試しに読んでみました。
応援合戦か！　と突っ込みたくなるような声で読む2年生に去年と全く違うなと思いながら過ごす1日でした。
思わず読みたくなるような教材の大切さを知りました。

この時期、私はまだ個別指導しません。

楽しいね！　面白いね！　これで押しきります。

まずは話す・聞くスキルの楽しさを強調します。

個別にほめることは入れます。しかし、まだ詰めません。

肩たたきはある意味、詰めていますので、まだやりません。

毎日、新しい詩文をやっていきます。たたみかけるように。

まずは話す・聞くスキルを好きになってもらいます。好きにさせられれば、声も上がってきます。

まだ3日目です。100回です。成果が出るのは。

お互いに情報交換していきましょう。

私も昨年度末の子どもたちのイメージがあるので、気持ちは正直穏やかではありません。

でも焦らずにいきます！

村野先生、ありがとうございます。

なるほどです。そして大反省です。

そうですよね。「楽しいね」まずはそれが大事ですね。

方法が間違っていました。

明日、楽しさを伝える指導をします。

本当に本当にありがとうございます。

1回目で出るわけはないですね……。

考えてみれば、それが自然です。私も若干の違和感を感じながらの指導でした。子どもたちに本当に悪いことをしてしまいました。

明日から、まず楽しく楽しく読んでいきます！

「みんなで声を出すって楽しいな」まずはこれを感じてもらう指導をしていきます。

100回指導。村野先生に教えていただいたように、カウントします！

ご指導、ありがとうございました。

100回ですね。点ではなく線の指導ですね。私の学級でもまだ声が小さいです。楽しみながらやります。たけのこ読みは、4年生でもとても楽しそうでした。

そうです。**今は楽しくやるのが一番です。**詰めるのはもっと人間関係ができてからです。子どももお互いの人間関係をつくるのに必死な時期ですから。

初社会科で集合知　4・11

今日は初めての社会科の授業。副読本の写真を使って読み取りの授業を行った。初めてなのに、たくさん書く子が多くてびっくりした。最高は31個。ほとんどの子が10個は書けた。

使用した写真は青梅市の屋上からの景色。ここで読み取り練習をして、次回は実際に屋上で自分の目で読み取りさせる。

思いのほかたくさん書けたので、黒板に1つ書くように指示した。初黒板発表だ。

最初に字の大きさを示した。短い時間で書くことができてびっくり。書き終えた子には「さらにわ・き・おを増やす」「黒板の書いてな

屋上から見て、「**わ**かったこと**き**づいたこと**お**もったこと」を1人1つ書かせた板書。まとめて、「**わ・き・お**」という。

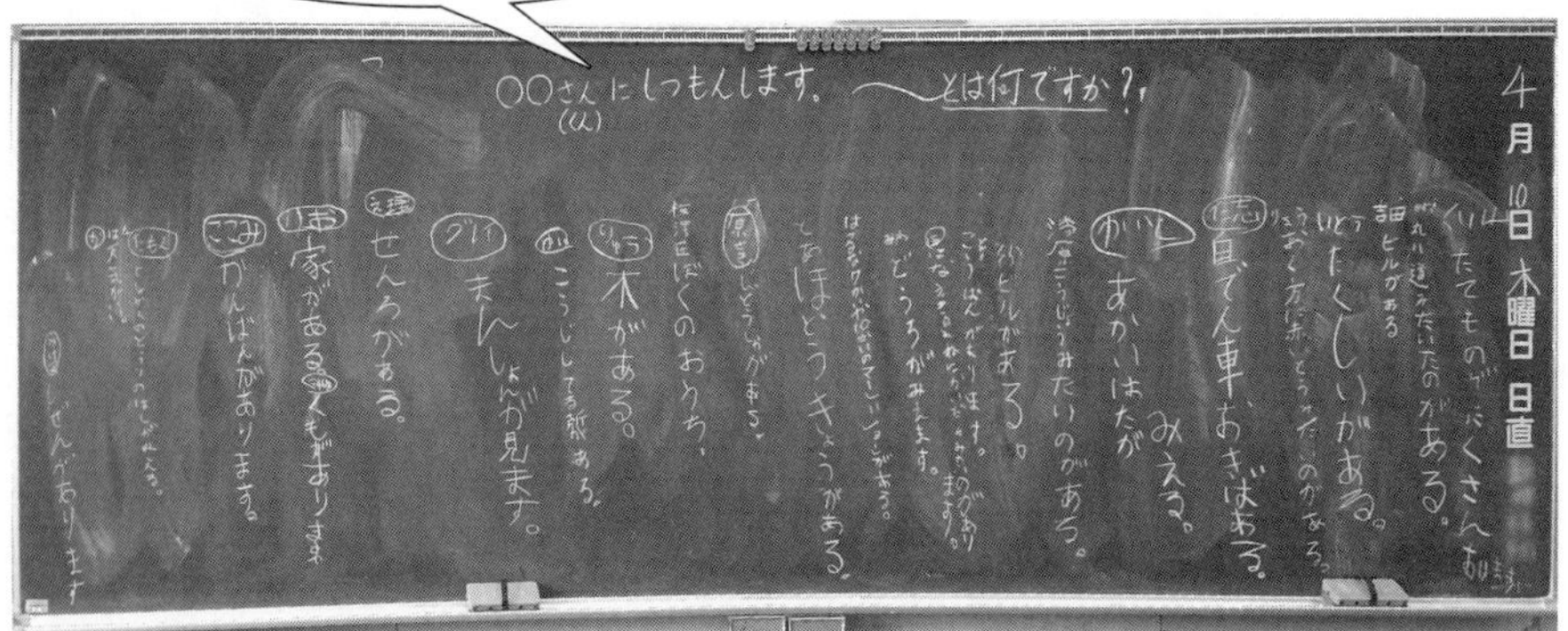

い意見を写す」ことを話した。

みんなそのように進めていた。黒板の発表もさせた。次の子が立って待つことも教えた。

さらに質問も考えさせた。「〇〇さんに質問です」と板書し、「誰かに質問を考えます。誰に質問するのか、このように書きなさい」と言って書かせた。

さらに、「〜とは何ですか」と板書し、「質問したいことをこんなふうに書きなさい」と言って書かせた。

書けた子からノートを持ってこさせる。

これが全員書くことに成功！

時間切れ。次回は質疑応答を教える。３年生でも１時間でここまでできるとは。

朝自習の話す・聞くスキル　４・11

朝の自習時間に「話す・聞くスキル」を開始。

昨日、係の子に指示した。全員の前で。

今朝は「初」の朝学習「話す・聞くスキル」だった。

私は教室に行ってから、次の指示をする。

「朝学習を今再現してください」

私の見ている前でやってもらう。すると、なかなか上出来だった。

「寿限無」と「しりとり言葉」の２つだけだが、

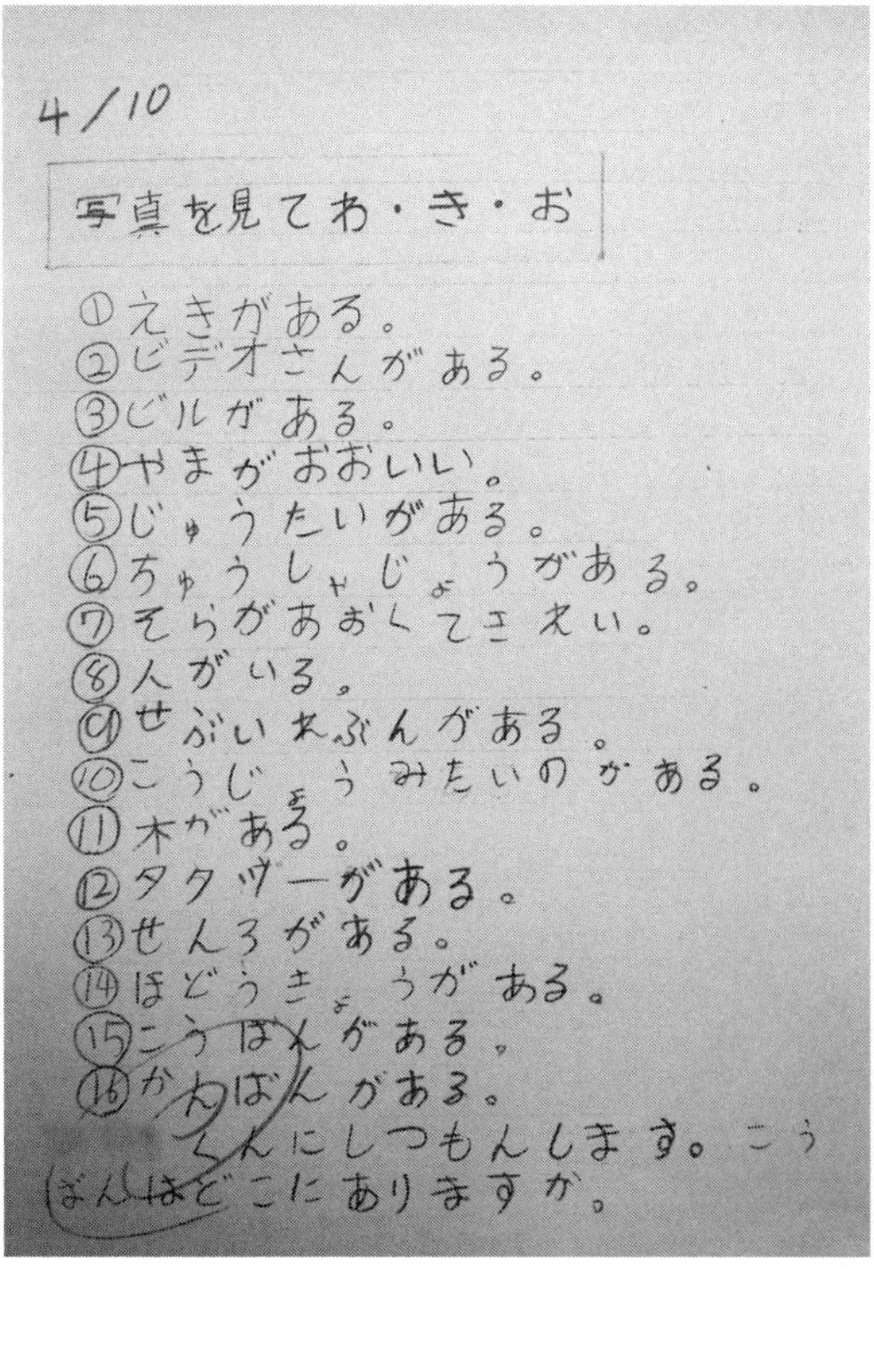

4/10

写真を見てわ・き・お

①えきがある。
②ビデオさんがある。
③ビルがある。
④やまがおおい。
⑤じゅうたいがある。
⑥ちゅうしゃじょうがある。
⑦そらがあおくてきれい。
⑧人がいる。
⑨せぶいれぶんがある。
⑩こうじょうみたいのがある。
⑪木がある。
⑫タクヴーがある。
⑬せんろがある。
⑭ほどうきょうがある。
⑮こうばんがある。
⑯かわばんがある。
くんにしつもんします。こうばんはどこにありますか。

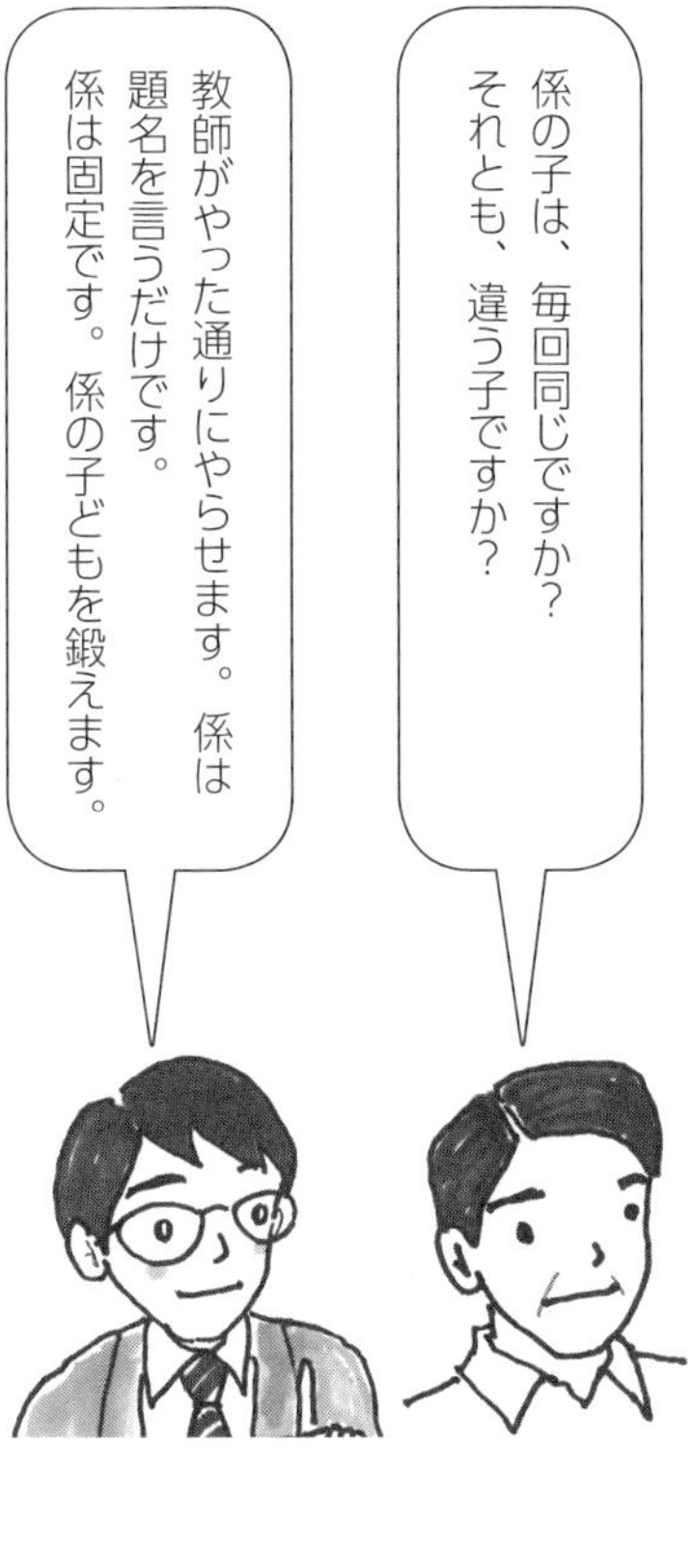

係の子は、毎回同じですか？それとも、違う子ですか？

教師がやった通りにやらせます。係は題名を言うだけです。係は固定です。係の子どもを鍛えます。

スムーズだった。

声の大きさも以前よりも上がってきた。

ひたすらほめる。まだ詰めない。

いい子をほめる。楽しくやる。

休み時間に口ずさむ子が出てきた。暗唱してしまった子も。

授業では「早口言葉」で盛り上がった。来週はさらに増やしていく。

日記　4・14

第1回の日記指導は教室で行うことにしている。君島先生の追試だ。その日記を5ページ書いた。

やんちゃ坊主のパワー炸裂！　という感じだ。かように、エネルギーが学習に向けば恐るべき力を発揮する。

集合知の質疑応答を教える　4・15

質問をする指導を本日の社会科で行った。20名が質問することができた。

そして、それに答える子も多かった。

「〜さんに質問です。〜ですか？」

「写真のここに映っています」（教科書を示しなが

「まだ詰めない」つい1年生にももう一歩を求めてしまうことがあります。
詰めても詰めたと思われないようにやりたいものです。
前年度の学級レベルに当然到達していなくとも、4月レベルという中で、がんばって口を開けている児童をほめる、という認識でよろしいでしょうか（きっとそうだと思います）。
そうです。私も今はいい子をただただほめています。

ら）

「ちょっと待ってください」

「質問に答えます」

など、それなりに展開できた。

授業の最後には、
①　質問したか
②　質問に答えられたか
③　たくさん立ったとき譲れたか
この３つで評定した。

集合知の授業は３年生でもできそうだ。

黒板に書くスピードも読み上げるスピードもまだ２回目にしては上出来だ。

指名なしは当たり前　４・15

毎日、毎日、指名なしで発表をさせれば子どもはそれが当たり前になる。

やはり、毎日やることしか力にならない。声もだいぶ上がってきた。そろそろ詰める指導を入れようかな。

個別評定をもっと　４・15

一生懸命にやろうとしない子がいる。そんなとき、その子を注意してもだめだ。

すべては個別評定※すればいい。

誰がよくて誰が悪いのか。これをただやっていく。

多くの子は個別評定で伸びていく。多くの子が変われば「その子」も同じ方向

※個別評定とは、誰がよくて誰がよくないのか個別に評定を加えること。子どもの意欲に火をつける指導法。

へついてくるだろう。だから、叱りたくなったら個別評定をすればいい。

今日は「話す・聞くスキル」で個別評定を入れた。

「今、声が一番聞こえたのは○○さんと○○君です。いいお手本だなあ」

「今、口が一番大きく開いていたのは○○君、○○さん、○○君でした」

これだけである。これでずいぶん変化した。

明日からはさらに個別評定をやっていく。

そもそも、作業指示したら個別評定をすべきだろう。きっと有段者の先生方は個別評定がすごいのだと思う。そこを目指す。

たけのこ読み　4・16

今日の話す・聞くスキルはたけのこ読み（読みたいところで立って読む音読方法）を行った。

上手にできた。楽しそう。

さらに、今日は個別評定で詰めた。「口が大きく開いていたのは○○君です。座りなさい」

何回か読ませ、そのたびに合格者を座らせていく。だんだん立っている子は焦ってくる。

最後は肩たたき。読んでいる最中に肩をたたかれ

徐々に詰めていく。本当に徐々に……なのですね。

個別評定を入れています。子どもの音読中にどんどんほめています。「○○君の口が大きい！」など。

「先生、今みたいにみんなの音読中にどんどん言いますが、雑音ですからね。気にしないでくださいね」と言いました。子どもたち、フフッと笑いました。

これは河田先生のご指導の追試です。

～口調は柔らかく。内容は厳しく～

河田先生もまったく同じでした。河田先生の学級を参観させていただき、指導イメージが180度変わりました。

この点をはき違えていました。

「先生、今みたいにみんなの音読中にどんどん言いますが、雑音ですからね。気にしないでくださいね」

ありがとうございます！　また一つ勉強になりました。明日から追試します。

これを言うか言わないかで教室の空気がまるで変わりそうです。

たら合格だ。

最後は全員を合格させて終わり。もちろん、合格して座った子にも言っておく。

「合格して座っていても口が小さくなったら立ってもらうからね」

口調は柔らかく。内容は厳しく。

これでまた、声のレベルが上がった。

集合知成立　4・25

道徳の授業を行った。河田先生の学級通信にあった授業だ。基本は集合知。

子どものノートも2ページ目に入る子が多数出た。質疑応答もかなりスムーズに進み、20名が質問することができた。

それに対して「待ってください」「考えさせてください」はほぼ皆無。きちんと答えることができていたのでびっくり。

帰りの会に「さっきの○○さんの質問に答えます」と登場した子までいた。

集合知が急に子どもに入った。ほめまくった。スーパー3年生だね！

3年社会科「まちたんけん」の前に　4・28

3年生の社会科。まちたんけんをして絵地図づくりを行う。

4/25 「ありがとう」の言葉
AAA
①　　さんがやさしい。
②これから、手つだってもらったら人に、できるだけ気もちをこめてありがとうとつたえたい。
③わたしがお母さんだったらお母さんとおんなじことをおもうとおもいます。
④先生は、お母さんとおんなじことかも考えているとおもう。
⑤　　がちょうえらくなったと思った。
　　くんにしつもんします。どうしておばあさんはやさしいと思ったんですか。
　　ちゃんにしつもんします。どうして、さいしょ、ひろしくんがなまえきだと思ったんですか。
まとめ　わたしは、わ・き・おにも書きましたがこれから「ありがとう」を心をこめて言おうと思います。「ありがとうをもっと心をこめて言おうと思ったことがこのどうとくがはじめてです。これからそのめあてをがんばりたいです。

が、絵地図はなかなか3年生には難しい。空間認知がまだまだの3年生だからだ。

そこで、今年は昨年度よりもさらにステップを細かくして地図づくりを行うことにした。

まずは、教室の前の廊下の左右にある教室等を記録するだけの地図づくりを行った。これはノートに書かせた。

そして、今日は教室から図工室という長い道のりを地図にさせた。これは私が画用紙に廊下だけを描いたものを渡して書かせた。

すると、なかなか上手に記録することができた。空間認知がよい3年生なのかも。

まちたんけんの地図にも期待がかかった。

1日1実践　4・28

毎日をダラダラ過ごさないように、毎日、1つの実践を残したい。どんなことでもいい。子どもへの声かけでもいい。もちろん授業でもいい。

しかし、その実践は「セミナーで紹介する価値のあるもの」と、規定する。

それを毎日、ダイアリーで発信できたら、きっとすごい実践家になれるだろう。

教室から図工室までの絵地図をつくろう！

3年1組　名前（　　　　　）

5月　子どもの行動力を授業に！　本格指導へＧＯ
社会科の授業設計は討論への地ならし

研究授業荒稼ぎ　５・３

ウエスタンセミナーで「研究授業」の講座をもった。

研究授業を１００回やっていない者は授業論を語るべきではないと向山先生から教えていただいた。だから私は１００回を目指した。

すでに２００回を超える研究授業を行ったが、昨年度は27回実施した。これを称して「研究授業荒稼ぎ」と説明した。この言葉が若い先生にはピンときたらしい。セミナーに参加された方がＳＮＳで実行を決意されている。

ちなみに、研究授業の荒稼ぎ方は以下の通りである。

①　校内研究、市教研の研究授業は引き受ける（年２回）。
②　自主研究授業を行う（年10回）。
③　授業参観申し入れの際、指導案を準備する（１日で５回）。
＊学校公開日に来ていただく際、指導案を準備する。

社会科で討論の授業①「わたしたちのまち」　５・４

３年生の社会科で討論の授業をどう組み立てたらよいか。それぞれの単元ごとに検討していく。

まずは「わたしたちのまち」の単元。３年生の最初の単元であり、討論の技能もまだない状態だが、あえて討論を組織する単元の組み立てを考えてみる。

屋上から東西南北を眺めてみて、それぞれの地域の概要を捉える活動がある。それぞれの方角にそれぞれの特徴がある。

しかし、その特徴は何かと比較しないことには明らかにならない。例えば、本校の東西南北には以下のような「特徴」がある。

北　地域的に山がち

南　駅があり商店が多い
東　住宅地
西　丘陵地、大きなグランドや公園がある
これは何を「基準」に特徴としているのか。それぞれの地域同士を比較しているのである。
であるならば、まずはどこか一箇所、探検をして、その地域の特徴をもとに（基準に）他の地域の特徴を明らかにするのがいい。
例えば、東にでかければ、東の「住宅が多く、山が少ない」という特徴に対して、北は「住宅が少なく、山が多い」と、その特徴を引き出せる。
ここまで考えると、次の向山実践が頭に浮かぶ。
仮説化の授業
子どもにはたんけんに出る前に次のような発問をする。
「北は東と比べて何が多い（少ない）と予想しますか」
子どもたちは、「北は東より～が少ない」「北は東より～が多い」と仮説をつくる。これを「たんけん」で確かめさせる。
その前に討論が組織できないか。例えば、子どもがつくった仮説をすべて黒板に書かせ、質疑応答（集合知）したり、反対意見を出させたりして、簡単な討論にもっていけそうだ。
討論できればその後のたんけんも盛り上がりそうだ。まとめる。
①　ある地域を基準に、他の地域の特徴を仮説化する
②　仮説を比較し討論する
③　実際にたんけんして確かめる
この組み立てで討論が組織できそうだ。
追記
実際に確かめて、さらにグーグルアースでだめ押しかな。

社会科で討論の授業②「わたしたちのまち」地図記号　５・４

３年生の「わたしたちのまち」の学習で子どもが喜ぶ教材が地図記号である。地図記号を使った討論はできないか考えてみた。

① 地図記号を見せて「何を表す地図記号か」討論する
② 施設名を指定し、「どんな地図記号なのか」予想させ討論する

まずはこの２つを考えたが大きなリスクがある。地図記号博士的な子どもがいたらできない、ということである。「知っていたら」「おしまい」である。

そこで、次のような授業を考えた。

まずは「高塔」の地図記号を見せる（下の図）。

高塔の地図記号は以下のように使われる。

(1) 五重塔、展望台など
(2) 送電線の鉄塔（下の部分の幅が20ｍ以上）
(3) 目標物になるようなものが少ないところの火の見櫓（やぐら）や給水塔
(4) 高くそびえている工作物などで、特に記号を決めていないもの

ただ単に高いということではなく、周囲よりも高い場合に使われることが多いようだ（札幌の時計台も高塔扱い）。

それに対して「電波塔」の地図記号も紹介する（下の図）。

電波塔の地図記号は以下のように使われる。

電波塔の記号は、テレビ、ラジオ、無線通信などの送受信（そうじゅしん）を目的につくられたものの中から、主なものをあらわす。

２つの地図記号の使用法が「論点」になるので、資料として配布するとよいだろう。

ここで発問。

「東京タワーにはどちらの記号が使われている？」

東京タワーは「高塔」でもあり「電波塔」でもある。東京タワーの説明文も資料として必要だろう。もちろん、３年生

に分かるように加工して。これは討論になる。

そして最後は地図で確かめることができる。

正解は「高塔」で表記されている（下の地図）。

さらに、

「では、スカイツリーはどうか？」

「横浜のマリンタワーはどうか？」

と問うことができる。

正解はすべて「高塔」。

電波塔なのになぜ高塔扱いなのか考えさせてもいいが、３年生には高級か？

実は電波塔の中で観光施設として兼ねている塔は「高塔」扱いなのだそうだ。地図記号でも討論できそうだ。


社会科で討論の授業③「わたしたちのまち」観光　５・４

昨年度、研究発表で集合知の授業を公開した。３年のこの単元は「学校の周辺」から始まって「市内全域」の学習へと広がる。我が青梅市もいくつかの特徴ある地域に区分できる。
工場の集まった地域／田畑の多い地域／山が近くにある地域／商店が多い地域
これらから選択させ、ペア研究させた。Ｂ４・１枚にまとめさせ、それを児童分印刷・製本する。
向山型だ。学級資料集ができあがる。これについてお互いに質疑応答させた。

まあ、これでもいいが、あくまでも集合知は討論そのものではない。集合知までやった後、発展的に討論を組織できないか考えた。

そこで思いついたのが「観光」という視点を取り入れること。

青梅市の中でも特に「観光資源」が多いのが「山のある地域」と「商店の多い地域」だ。

前者は「御岳山」「御岳神社」などがある。いわば、自然環境が売りになる。

後者は様々な商店街とともに「温泉」「赤塚不二夫記念館」「映画看板」などのスポットが売りだ。そこで、発問。「青梅に観光に来ていただくにはどちらの地域をメインにすべきか」

俗っぽい？　でも、このことで青梅市の観光について考えるよい機会にもなる。

討論後はそれぞれがオススメの地域に絞って、観光パンフレットをつくるという活動も可能になる。


社会科で討論の授業④「わたしたちのまち」公共施設　５・４

青梅市全体を扱う中で「公共施設」を取り上げる。青梅市は「中央図書館」が比較的最近新しくなっている。本校の地区にはないのだが、子どもによっては保護者と通う子もいる。

昨年度の３年生の実践で「スーパーマーケットの工夫」を取り上げた。見学後、お店の工夫を列挙させる。すると、「～は本当にお客さんに来ていただくための工夫なのか」という問いが生まれる。その時は、**「店先（外）に商品を置くのは工夫なのか」**が討論となった。

同じく、公共施設にも採用できそうだ。例えば、中央図書館の人は多くの人に本を読んでもらうためにどんな工夫をしているのか調べる。それを列挙させて、工夫か工夫でないか討論するのである。見学ができればいちばんよい。先に見学して討論、討論してから見学、どちらもありうる。

向山先生の「目に付いたものはすべてメモしなさい」ではないが、目に付いたものはすべて何かの工夫であるはずだ。

それを討論できたら有意義だろう。

社会科で討論の授業⑤「わたしたちのまち」内部情報　5・4

討論が成立するには十分な内部情報が必要である。駒井先生からもご指摘いただいた。特に3年生には内部情報が少ない。見学を内部情報の蓄積に使うのが一番よさそうだ。資料をさがして……は難しい。目で稼がせる。

見学ができない場合であっても、

① 調べ学習（ペアで）、まとめ
② まとめの児童分印刷、製本（学級資料集）
③ 学級資料集を使った集合知

のような展開で内部情報を共有させるステップを踏むことが大切だろう。

その上で討論を組み立てる。

体育にもシステムを入れる　5・8

千葉先生から少し前に、体育のシステム化について話を伺ったことがある。システムで子どもが動く。一部追試しているが効果てきめん。

私が校庭に出たときには、すでに子どもたちは「一動き」して体育すわりで待っている（と言っても待っている時間はほんのわずかになる）。ちなみに、「体育座り」と「走って移動」は徹底する。

「体育座りは腹筋を鍛える」
「体育の授業中はすべてが体育。だから走る」
「体育座りで待つのも体育の一部」
「できないときは体育はできない」

こんなことも口走っている。システムで子どもを動かすことをさらに考えていく。

国語辞典初指導　5・8

子どもに伝えたのは、

①　あいうえお順で出ていること

②　「はしら」を見るといいこと

これだけですぐに言葉を示し、引かせた。5～6回繰り返すと、早い子は30秒以内で見つけ出す。見つけたら挙手させ、順位を告げてやる。これだけで子どもは熱狂。見つからなかった子には近所で教えさせた。

河田先生も確か、こんな感じで無駄な説明抜きで引かせていた。効果てきめん。毎日行う。

プチ講座　5・8

本年度は教務主任を降りて研究主任をしている。そこで今年は「プチ講座」を設定した。校内にはそれぞれ得意ジャンルをもった先生がいる。身近にいながら、なかなか学べないことも。

そこで、金曜日、4：30～校内の先生方に講師を依頼し、15分間の講座をしていただくという企画を立てた。第1回校内研で提案し、募集したところ、何と、9名もの先生から講師立候補があった！　月に1度の講座になるが、これはなかなか画期的である。

日程を本日組んだ。講座名を魅力的なものにし、ちらしもつくって盛り上げていく。このあたりの動きは教え方セミナーと一緒である。第1回は私が務めることにした。研究主任ですから。

指名なし音読に挑戦（いい感じ）　5・9

「話す・聞くスキル」グレード3を使用している。その中の「しりとり言葉」を今年のメイン教材としている。メイン教材は「一斉読み」「たけのこ読み」「指名なし音読」すべて行う。

今日は「指名なし音読」をさせてみた。1回目はうまくいかないものだ。しかし、意外と上手に流れた。

「まるで1人が読んでいるように聞こえたらいいんだよ」

「2人がかぶって読んでしまったらどちらかが止まるんだよ。止まった人が次を読めばいいんだからね」

何度も何度も4月から読んできた「メイン教材」だから「指名なし音読」が可能になる。上手だったのでたくさんほめた。さらに私に欲が出た。

教科書の「きつつきの商売」でも指名なし音読に挑戦させた。すると、こちらもなかなか上手に続けられた。もちろん、この教材も何度も読んでいるからできるわけだ。

帰りの会での「全員感想発表」も当然、スムーズになってきた。個別評定をガンガン入れている。

「声が小さいです」「いい声だ」「よし」

やり直しも入れている。そろそろ、

「それを先生に言わせちゃあだめなんだ」（河田実践）

を入れていこうかなあ。

朝の挨拶、給食の号令等、声を出す場面では、

「声を鍛えるいいチャンスですよ」

と音量を意識させている。上がってきた。

集合知は、全員に書かせなければ意味がありません　5・9

S先生のダイアリー、この中で河田先生がコメントした一言がタイトルの一文である。

「集合知は、全員に書かせなければ意味がありません」

① 全員に書かせるという教師の執念が子どもに力を付ける。子どもたちの殻を破ることができる。

② 全員の意見が黒板にあるからこそ、誰もお客さんにはなれない。

いつ自分の意見に質問・反論があるかわからないからだ。常に緊張状態に置かれる。緊張状態の中でこそ力が付く。

③ 全員に書かせる（参加させる）からこそ「集合」「知」なのだ。

全員の知を集合させるので大きな力が発揮される。S先生のダイアリーのおかげでさらに集合知について考えることが

できた。ありがとうございます。

3年道徳ノート　5・13

書けるようになってきた。

5／13
そうじをさぼった子をどうするべきか。
(Q2)
わたしは、2ばんがいちばんちかいとおもいます。

りゆうは、今日ちゃんとやんなくてあしたもやんなかったら先生にゆうよとかひるやすみにやってもらうよとかわたしはいったりします。そうすれば今日は、おこってどうしてやんなかったらりゆうをきいてじゃあきょうやんなかった分は、あしたにきれいにしてもらいます。そうすればがっこうがきれいになるとおもいます。そうすればつぎからは、ちゅういをしなくてらくになるとおもいます。

〈はんたいいけん〉

きれいながっこうになれないから。そうじのじかんにやんなきゃいけない）

〈メモ〉

みにつくとおもう。

かわいそうだから。

いやいやでそうじができない。

つぎからはそうじもしっかりそうじをさせる。

先生にいえばいいとおもうから。

〈はんたいいけん〉

ばつをあたえてわすれてしまったらどうするんですか。そうじがきらいになったらどうするんですか。

〈メモ〉

それでそうじがきらいになったらどうするのか
ちゃんとした人にそうじをふやしてやんなかった人はふざけたらどうするのか
A

5／13
そうじをさぼった子をどうするべきか。
わたしは、2番をえらびました。なぜなら、そうじをさぼっているような人は、バツをあたえても意味がありません。四小だったら、全力そうじをする。は、一つのルールです。ルールをまもらない人は、バツをあたえても、次にそうじをさぼってしまうと思います。ぎゃくに、そうじをさぼっている子をほうっておくと、何回言ってもなおらなくなってしまいます。そして、どんどん何もやらなくなってしまうと思います。でも、やくそくさせれば、次からちゃんとそうじをやるかもしれません。バツをあたえると、その子もかわいそうだし、ほうっておくと、どんどんやらなくなってしまうので、わたしはやくそくさせるのがいいと思います。
【はんたいいけん】
①1番の人のいけんには、はんたいです。なぜなら、そうじをさぼっている人は、もともとそうじがきらいな人だと思います。その人にバツをあたえても、もっとそうじがきらいになるだけで、意味がないと思います。②
【メモ】
①やくそくをしても、やぶってしまう。
②先生におこられる。
③わすれてしまう！
④おこられたくない。
⑤自分からできる。
⑥教室がきれいになる。
⑦さぼってても、りゆうがある。
⑧次からは、ちゃんとそうじをするように、やくそくさせる。
⑨バツをあたえても、いみがない。

3年生の伸びはすごいですね！　1カ月半足らずですからね。村野先生の並々ならぬ腕前を感じます。

すごい量です。内容もです。ノートのイメージが持てました。私も3年です。追試します。

本当に3年生は鍛え甲斐があります。私はひたすら泥臭くやっているだけです。全員とはいきませんが、まだまだの子たちが先頭集団になって引っぱっていくと思います。

まちたんけん　5・14

3年生のまちたんけん。

今日は学校の東側を歩いた（暑かった！）。

子どもの地図には要所要所に数字が書かれている。

その数字の上に矢印がついている。

子どもたちはこの数字で「自分の今いる位置」が、そして矢印で「向かっている方向」が分かるようになっている。

いつもは私が先頭で「今は③です！」などと大きな声で言っていたが、今回はもっとスマートに番号カードを示すことにした。

これで後ろの子まで「位置」と「方向」が分かる。

今日が最初だったので、東側に対して、これから行く北側は「何が多い」のか「何が少ない」のか、仮説を立てさせる。

仮説を立てたらプチ討論し、それから実際に北側をたんけんさせる。

たんけん絵地図　5・15

学校の東側の地図ができつつある。子どもたちはたんけんでずいぶんしっかりメモをとってきた。

いい絵地図がたくさんできつつある。

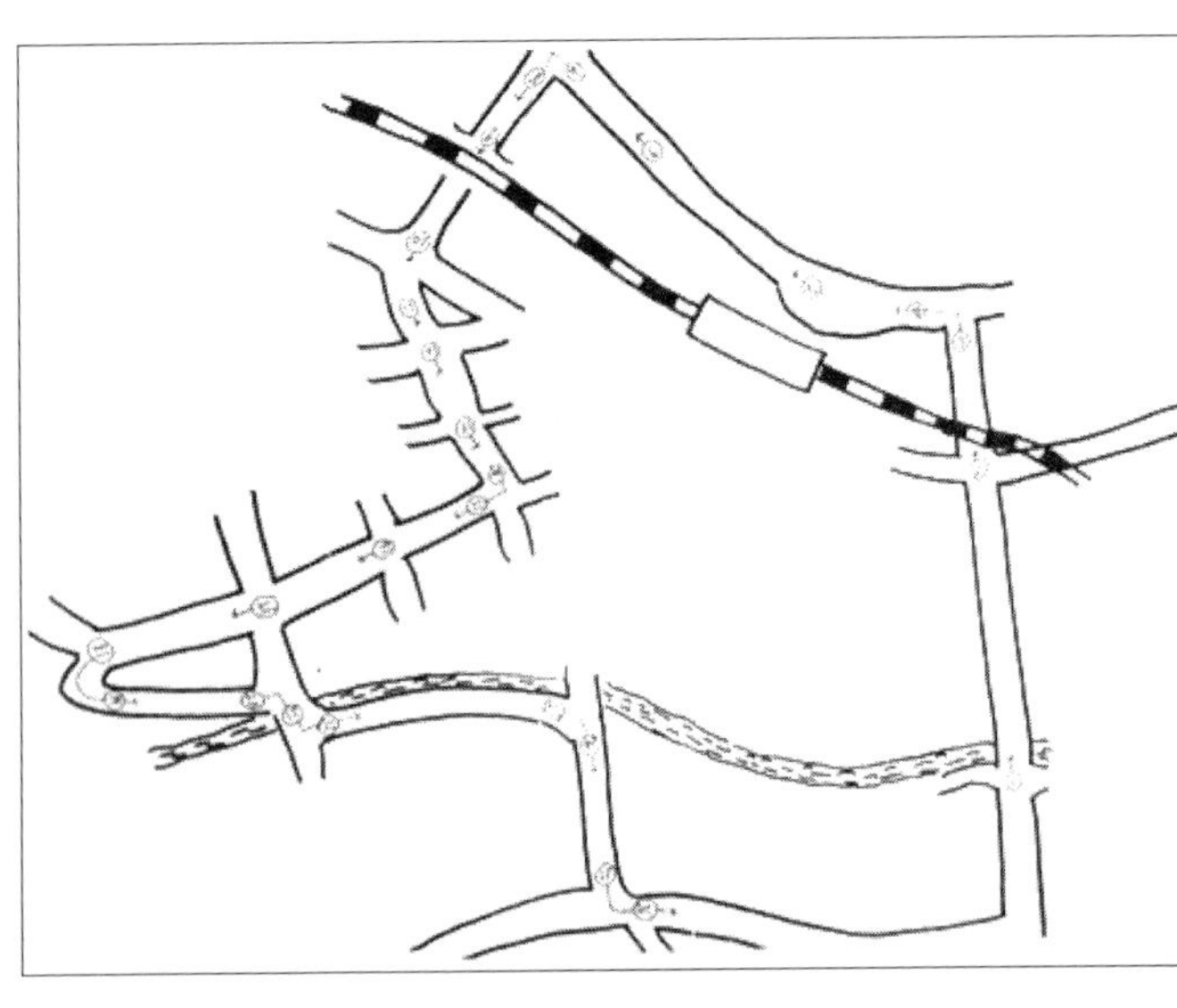

作文指導と日記の連動　5・15

1〜2週間に1度、作文技術指導を行う。

4月は表記を中心に行った。その週の日記の評価基準は「教えた作文技術で書けているか」だ。加えて、毎日書いてきているか。

授業と日記を連動させると子どもの作文がどんどん上達する。

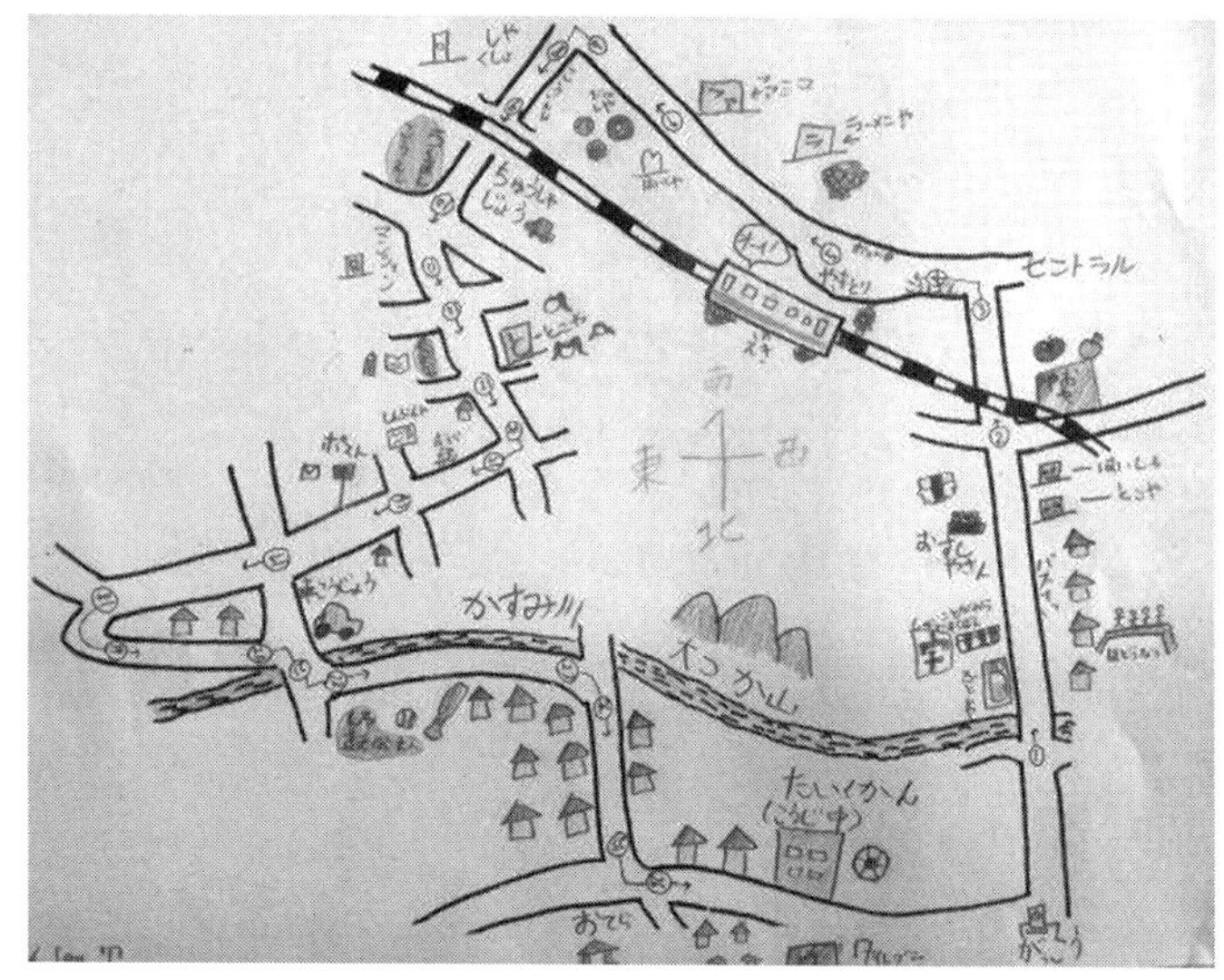

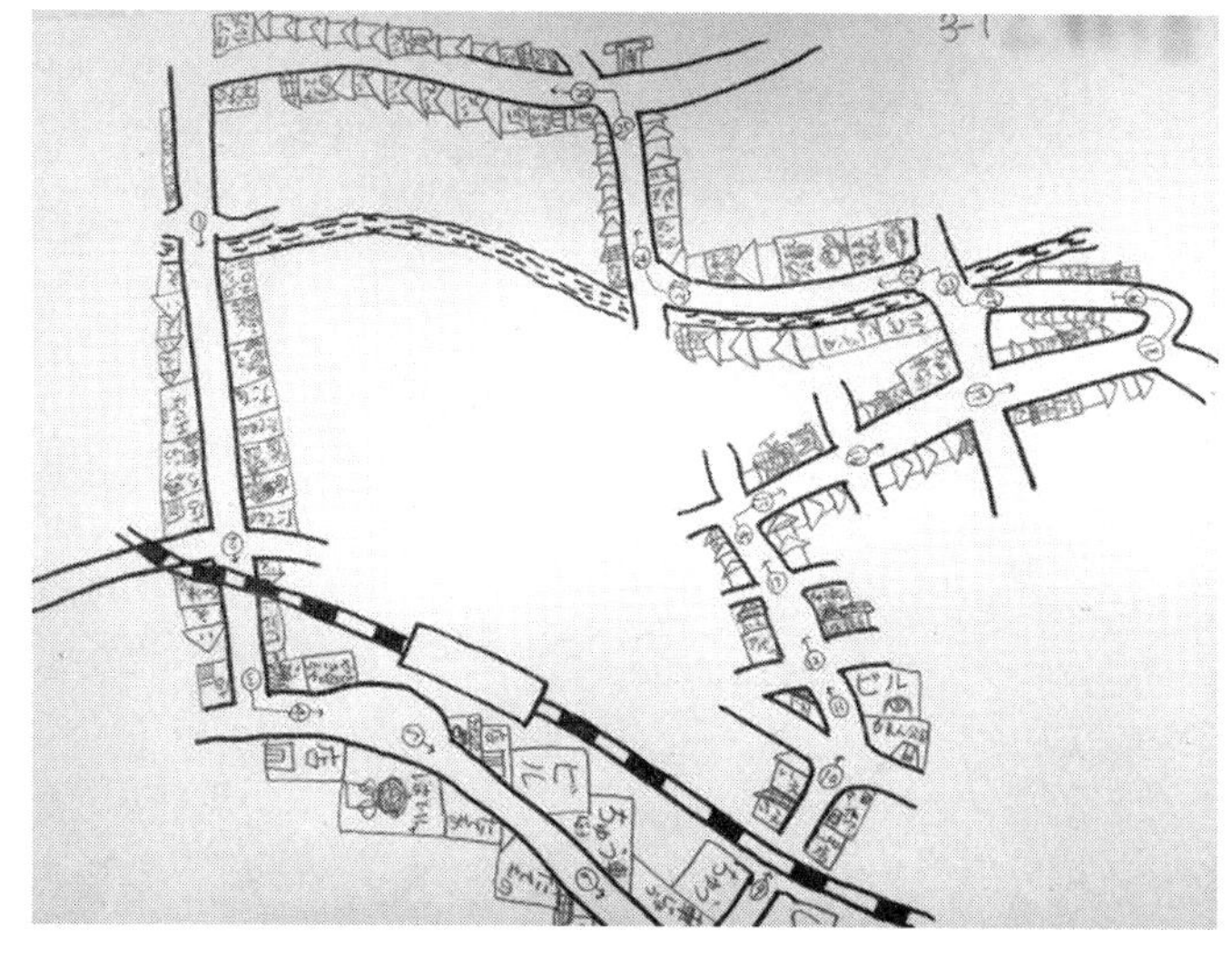

『評価基準は「教えた作文技術で書けているか」』が重要ですね。行事作文で作文を評価するとんでもない教師が大勢いますからね。「1～2週間に1度、作文技術指導」もまた、凄いことです。村野先生の教え子たちに力が付くはずです。

5月なかば以降、いよいよ4コマまんが作文で段落指導に入ります。今年はいかに日記指導で子どもの作文技術力が上げられるかがテーマです。いずれ報告させていただきます。

私も毎日日記を書かせています。**ピンポイント作文**が大活躍です。

でも、授業で作文指導があまりできていません。教科書を扱うと時間がとれません。

村野先生の授業での作文指導の方法についてまた教えていただきたいです。

これまでに、

原稿用紙の正しい使い方

会話文の表記

ぶらさがり

について作文ワークで指導しました。これからは、**長く書く指導**をします。また、**段落指導**します。

4コマまんが作文でやります。

作文の時間を毎週どこかに位置付けるのが一番です。

私も村野先生の**ピンポイント作文**のワークシートを活用しました。

4月はひたすら毎日の宿題で出しました。そして5月に入り、毎日日記の宿題を出しています。これもピンポイント作文から題材を選んでいます。今はやっているのは「もしもシリーズ」です。勤務校では学級通信を出すことができません。

ですからひたすら子どもたちに書いてきた作文を読んで紹介してやります。これだけでも効果抜群です。

子どもたちはゲラゲラ笑いながら友達の作文を聞きます。

1日に10ページ以上の大作も表れ始めました。

来週は「班の友達のいいところ見つけシリーズ」をします。

村野作文実践の力は本当にすごいと実感しています。


ありがとうございます！

作文紹介、大事です！


～著書紹介～

『圧倒的な作文力が身につく！「ピンポイント作文」トレーニングワーク』（明治図書）

討論では「逃げ道」を教える　5・15

かつて、討論の授業をすると、「反論されて怖い」と言う子が必ずいた。

正確に言えば、教師が怖がらせてしまっていたのである。そういう子は二度と発言しなくなる。今は、そういった場合の「逃げ道」を教えるようにしている。これも河田実践から学んだことの1つだ。

つまり、反論や質問されて、答えに窮した場合の「逃げ方」を教えておくということだ。
1　「少し考えさせてください」と言わせる。
2　相手の反論に納得したら「わかりました」と言わせる。
3　「誰か助けてください」「誰か代わりに答えてください」と言わせる。
これなら安心して「逃げ」られるわけだ。かつて、こういうことを教えずに子どもたちを追い込んでしまっていた。特に3の「誰か助けてください」は、言いたい子がたくさんいるはずだ。そのような子を生かすことにもなる。

まずは「逃げ道」を教えておくことが重要だ。初めてつながった。

長く書く指導　5・22

向山型作文指導の代表的実践、長く書く指導。今日、追試した。向山先生も長く書く指導を5月中旬に実施している。

これまでの日記指導は向山実践通り「毎日書く」指導だった。

全員が毎日書くようになったので、向山実践通り「長く書く」段階に入る。そのために長く書く指導を行った。

最初は2～3行しか書けない子が23人。4行が2人だった。ところが、最後は、16行以上書けた子が22人。他の4人も量を増やした。圧倒的な指導法だ。いかに、行動を細分化して書けるかだ。

たくさん書けた子から学びながら全員の作文が激変した。やはりすごい。


話す・聞くスキル効果が出てきた　5・22

朝学習、国語の時間にやってきた話す・聞くスキル。ここにきて、一気に効果が出てきた。

私は、国語の授業をシステム化したい一心で国語の授業の始めにだけしかやってきませんでした。朝学習にも組み込んだ方がよかったです。話す・聞くスキルのときは声が出ていますが、意見を言う段になるとささやく、蚊の鳴く声になってしまいます。目標に、踏ませます。回数を

【鼓膜を震わせるほどの声量】5月の時点でこれは、さすがですね。先日、「どこまで聞こえるか聞いてくるね」を追試いたしました。大変効果がありました。上がっては下がる、上がっては下がるの繰り返しですが、確実に登ってきています。

【100回の積み重ね】まさにその通りだと思います。朝学習と国語のダブルでやることも、加速度的に進歩します。また回数を重ねることで、
① 覚える、暗唱する
② スラスラ読める
③ 声が出る
④ スピードも速くなる
このような効果がありそうです。

今は、お題が増えてきたため、声量と共にスピードアップを求めています。声かけ（個別評定、詰め）を今後も研究いたします。また村野学級の様子を教えていただければ幸いです。食らいついていきます！

子どもたちの声が私の鼓膜を直接震わせるような感じになると本物だ。そして、今、そのような状態になってきた。

４月のスタートでは、「もしかしたら今年の子は声が出ないのでは？」と心配にもなった、実は。

しかし、今はすごくいい声だ。

やはり、１００回程度の積み重ねが大事なのだと改めて実感している。

話す・聞くスキル　個別評定　5・23

国語の時間。毎回、パーツで組み立てている。
漢字スキル　５分
話す・聞くスキル　５分
辞書引き　５分
教科書　30分
今日の「話す・聞くスキル」は個別評定の時間にした。ひとりひとり読ませ、合格、不合格を告げた。４分の１くらいを合格させた。
合格した子は自信をもって読み進めるだろう。かくして先頭集団が形成された。ちなみに、今のメニューは、グレード３。
① 寿限無
② ためになることわざ
③ ぶらんこ
④ 俳句
⑤ しりとり言葉（たけのこ）

そんなときは、**「話す・聞くスキルの声で！」**と言っています。

また、「普段の授業の声を上げるためにスキルをしているのです」と趣意説明します。

ここにきて、「気に上達しました。まさに、「成長は加速度的に訪れる」です。３年生ということもあり、成長が速いです。

である。

⑥　しりとり言葉（指名なし）

本当にいい声になってきた。今日は「昨年の4年生を超えている」と子どもたちに伝えた。人数的には6人も昨年度より少ない学級だが声が響くようになった。

朝や帰りの挨拶の声にも波及している。

「話す・聞くスキル」は最高のツールだ。

3年生の集合知の授業　5・26

今日も社会科で「イラスト」の読み取りから集合知の授業を行った。たくさんの質問ができるようになった。

質問の答え方も様々教えている。今日は一瞬、討論になりかけた。

「今のようにAかBか意見が分かれたときは、他の子も意見をつなげます」と教えた。

すると「〜君に賛成です」などの意見が続いた。「意見が出なくなったら『話題を変えていいですか』で他の質問に切り替えます」

このようなことをひとつひとつ教えるのが面白い。そして、3年生は見事な吸収力でこれらを使いこなす。ずいぶん形になってきたなあと思う。

6月27日（金）は本校の研究発表会。私は社会科を公開授業する。集合知の授業で行う。そこに向山型巨大内部情報蓄積法を加える。

＊向山型巨大内部情報蓄積法とは

子どもが調べたことをまとめたファックス用紙を全員分印刷製本し、学級資料集のような形で冊子にする実践を私が勝手にそう呼んだものです。

日記指導好調　5・26

説明文の型を3年生に教えた。

話題提示→問題提起→具体例①→具体例②→具体例③→まとめ

それぞれを1文で書かせるのが最初の指導。例えば、

アリは小さい虫です。（話題提示）
小さいアリは何を食べているのでしょうか。（問題提起）
アリはさとうを食べます。（具体例①）
アリはケーキのくずも食べます。（具体例②）
アリはアメが落ちていたらあつまって食べます。（具体例③）
このように、アリはあまいものを食べるのです。（まとめ）

となる。

この型を3年生でも使いこなす。日記で毎日この型で書かせている。

最初は当然、例文のような短い説明文を書いてくる。これらはすべてA評定とする。

しかし、その中でも具体例を少し厚くしてくる子が登場する。例えば、

アリはさとうを食べます。私もさとうを食べているところをみたことがあります。

などと書く子だ。

この子はＡＡ評定とし、帰りの会で紹介する。

すると、次の日はさらに具体例を厚くする子が出てくる。そん

このダイアリーを見て、作文を常に連動させて考えることを思い出しました。ありがとうございます。
連動させることで日記指導のマンネリ化を防ぐことにもなります。何より、子どもの成長が目に見えて、楽しいです！

ほめて紹介する。型を教え、例示をし、書かせる。子どもの作品がさらなる例示となる。取り上げられた子どもの自己肯定感も高まる。まさに、〝学級で学ぶよさ〟とはこういうことですね!!
山本五十六の言葉「やってみせ～」が当てはまります。私は5年前、2年生で追試したいと思ったのですが、最初の指導が分からず、断念しました。5年生ですが、是非追試したいです。

な子はみんなＡＡ評定となる。

しかし、その中で1ページ以上書いてくる子が出る。その子にはＡＡＡ評定を書き、帰りの会で紹介する。

この繰り返しで子どもの書く説明文はすごみを増していく。今日は2ページ越えの子が2名登場した。

ここまできたらその日記を印刷して全員に配布する。私のコメントも一緒に印刷する。みんな衝撃を受ける。

そしてまた次の日、新たな記録を打ち出す子が登場していく。

これが授業と日記の連動だ。作文指導の醍醐味だ。

話題提示→問題提起→具体例①→具体例②→具体例③→まとめ
それぞれを1文で書かせるのが最初の指導。こうやって、授業で示した型を落としこんでいくのですね。
大変勉強になりました。発信、ありがとうございます。
追試させてください。ダイアリーにて、結果を報告いたします。

授業で教える部分は「ピンポイント作文」を使用します。

その後、テーマ日記の中で個別指導でやっていきます。思わぬ子が大きく変化するのが本当に面白いです。

私も現在説明文の作文です。昨日は、運動会で頑張ることを説明文の形で書かせました。

私には運動会で頑張ることがあります。

何を頑張るのでしょうか。

1つ目は～

2つ目は～

3つ目は～

このように～

どんなテーマでも説明文の形で書けるような気がしています。初めの指導はピンポイント作文、活用させていただいています。

説明の型は本当に万能ですね。
ピンポイント作文活用ありがとうございます！

集合知から自然発生する討論　5・27

まだまだよちよちの討論。

しかし、集合知の授業の中で時々、発生する。台風ほどのパワーはない。熱帯性低気圧程度。

しかし、1時間の中でポツポツ発生する。まだ、そこに他の子どもが巻き込まれない。3年の社会科で「まちたんけん中」だ。

今日も、「南は東にくらべて～が多い（少ない）」と仮説を作らせた。

基本は質疑応答の授業だ。

しかし、こんな意見も出るようになる。

「『南は東にくらべて電車が少ない』とあるが、南には駅があるから電車が多いのではないですか？」

ここに多くの子が絡めるようになれば討論が面白くなる。

しかし、まだそのレベルではない。とは言え、今日はこんな絡みもあった。

「私も同じ質問です」と表明する子が出始めた。

「誰か助けてください」

「私の意見に賛成の人は意見を言ってください」

「このことについて意見を言ってください」

こういう発言の仕方をもっと教えていく。

子どもの変化、本当に素晴らしいですね！自分のクラスは、まだ他の子の意見を取り入れたり、助けてもらったりできる子はほとんどいません。

発言の仕方を教えていかなくてはいけないのですね！

ありがとうございます。私のところももちろん、まだまだ鍛えていく必要があります！がんばります。

子どもが使う話型を30くらいリストアップしたい、と強く思いました。私にはまだ全体像が見えてません。これではいかんと反省しました。調べます！

ありがとうございます。大事ですよね。それと並行して、教師の助言（指導言）も確定したら、最高ですね。

３年説明文「言葉で遊ぼう」５・29

この説明文には問いかけの形になった文が３つ登場する。

「１つ外すとしたらどの問いかけ文を外しますか」

残りが２つになる。

「１つ目の問いかけ文だけで説明文を書き直しましょう」

子どもの書いた説明文は以下の通りとなる。

しりとりや早口言葉は、古くから多くの人に親しまれている言葉遊びです。（話題提示）
言葉遊びには、ほかにどのようなものがあるのでしょうか。（問題提起）
にた音や同じ言葉を使って文を作るのが、しゃれです。（例①）
上から読んでも下から読んでも同じになる言葉や文が、回文です。（例②）
言葉を作っている文字のじゅんばんをならべかえて、べつの言葉を作るのが、アナグラムです。（例③）
このように、言葉遊びにはいろいろあります。（まとめ）

次にもう１つの問いかけ文で説明文を書き直させる。

もとの説明文を２つの説明文に分解する授業である。

6月　魔の6月こそ参観授業・授業の見せる化作戦を！

参観授業第1時「算数」6・1

等分除と包含除の違いを明らかにする授業。今回はコンテンツ1本で授業することにした。教科書は一切使わなかった。

反省点は、包含除の難しい問題を「包含除」であると理解させるための手立てがなかったこと。ここはコンテンツに図を入れて気がつかせるつくりであるべきだった。

例えば、次の問題。

36このボールを、4こずつかごに入れると、かごはいくついりますか。

これまで、等分除は「1人分」、包含除は「何人」という形で習熟している。そういった実態で、前の問題は難しいのだ。

そこで、「かご」の図に人間の図も合わせて示すことで「包含除」に気がつかせるという方法だ。次回はそうしよう。

また、指導案が最後まで終わらなかった。まだまだ見通しが甘い。

前半の既習の復習のリズムテンポが悪かったと分析している。

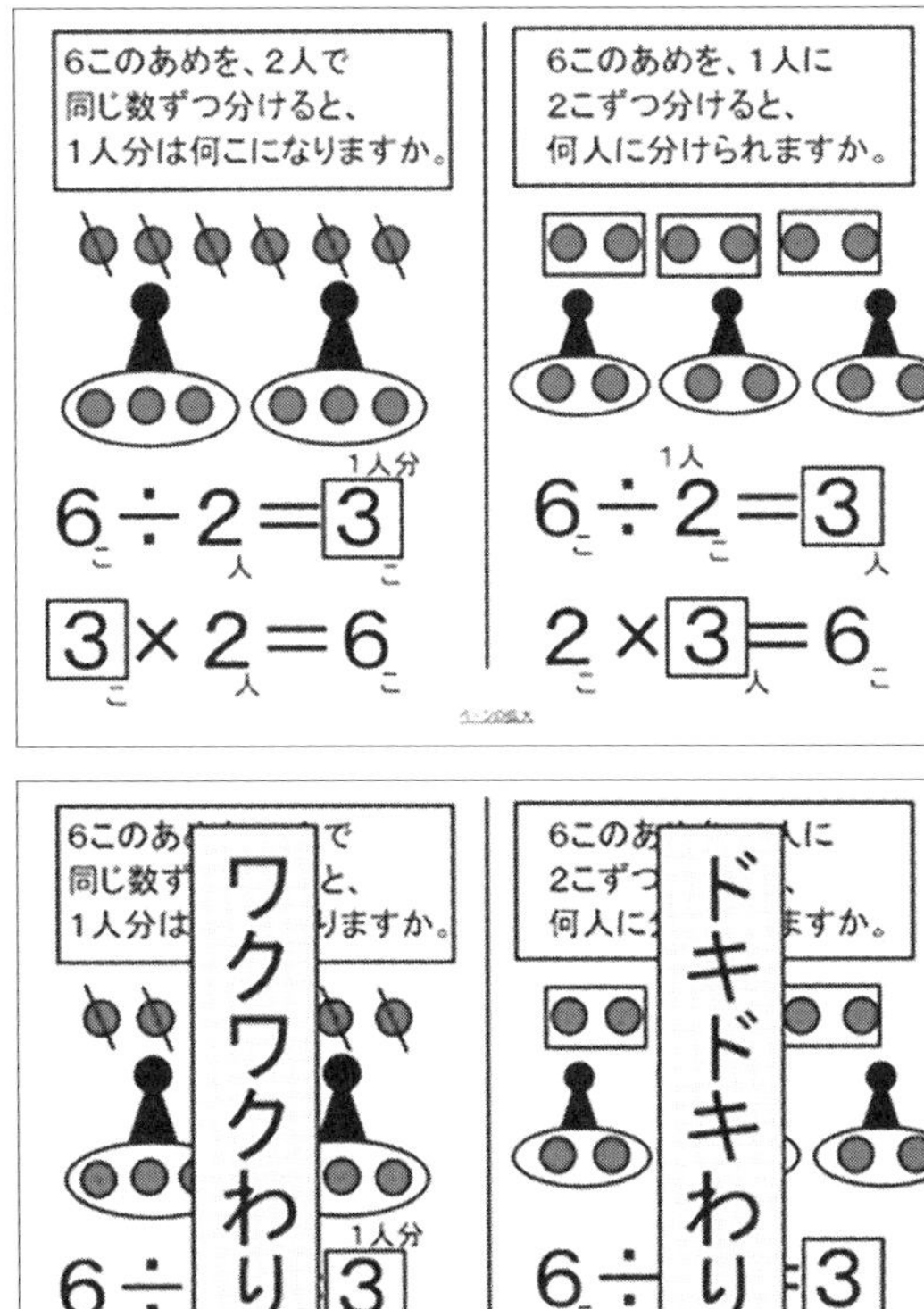

社会科で討論の授業⑥「買い物調べ」 6・2

第1時 レシートの読み取り 買い物調べの宿題
第2時 買い物調べの集計とグラフ化
第3時 グラフの読み取り 集合知
第4時 なぜ、スーパーマーケットに一番買い物に行くのか（討論）
第5時 スーパーマーケットに一番行く理由の中で最大の理由はどれか（討論）
第6時 スーパーマーケットのイラストの読み取り（工夫の読み取り）
第7時 見学前の質問づくり
第8・9時 スーパーマーケット見学（工夫探し）
第10時 見学で発見した○○は「お客さんに来てもらうための工夫」なのか？（討論）
第11時 買うときにどこを見て買うか。どの視点が最も大切か（討論）
第12時 品物はどこから？
第13・14時 まとめ
とりあえず案。

黒板指示→多読の指導 6・3

黒板に示された位置で音読させる。多読させる際の有名な方法。動かすことで多動の子も満足。

「口に二画」の授業対決 6・4

今日はとなりの先生が休暇だった。私が補教についた。

そこで、「口に二画」の授業を行った。ああ、子どもは熱狂だ。結局20個見つけることができた。

となりの子どもたちからは、

「1組でもやった？　いくつ見つけた？」

と聞かれたので、

「まだやってないよ。今日の5時間目にやる」

と伝えた。

「たぶん、2組には勝てないよ」

専科から帰ってきた子どもたちはとなりの学級の熱狂の余韻を感じたようだ。

「何してたの？」

と聞いてくる。

「20個って何？」

となりの子たちが言ったのだろう。

そこで我が学級でも「口に二画」を行った。

2つの学級に1日で授業したのは初めて。

こちらも盛り上がった。

「2組は20個見つけたぞ」

「もうやめますか？」

あおりながらやっていく。結局24個見つけて大喜び。

「家で調べてきてもいいですか」

「お母さんに聞いてもいいですか」

明日、見つけた子は大いにほめられることとなる。ああ面白かった。

指名なし音読のスピードを上げる　6・4

指名なし音読を毎日行う。今日は3分以内に全員が終えるように言った。スピードが必要だ。

また、間を埋めることだ。24人で2分15秒。ゲーム感覚でスピードアップできた。

リーチで立つ子がどうしてもたくさんになることが多いと思う。これも、

「前の子が読み終わるまでに次に誰が読むのか決めること」

「前の子が読み終えたのに2人以上立っていたら2人とも座れ」

と指導している。

集合知の指導―新たなステージ　6・4

1　まずは読み取り。解釈を入れて書けるように指導した。
「～がある。ということは～だろう」
2　次に質問のしかた。自分の意見も入れて言わせるようにした。
「私は～という理由で～は～だと思うのですが、○○さんはどうしてそう考えたのですか」
3　答えられない子を助けることを指導した。
「～さんの代わりに答えていいですか」

授業後の評定でこれをやるとAが3つもらえる。

ときには「最初から」やったりもする。こんな練習も必要だ。そのおかげで今はずいぶんとスムーズになってきた。

教科書の指名なし音読も毎日のメニューに入れようと思う。

3年生の「4コマまんが作文」　6・5

授業で4コマまんが作文の授業をし、次の日、通常の日記を書かせたところ、学級の3分の2の子が段落を構成してきた。

今は毎日、宿題で4コマまんが作文を書かせている。段落や「　」の習熟のためだ。

４コマまんがは今年の教え方セミナーでサークル員がつくった「オリジナル４コマまんが集」を使用している。自画自賛だが非常にこれがいい。子どもも喜ぶ。

子どもの書いてきている４コマまんが作文を紹介する。これまで教えていた様々な表記についても同時に見ている。特に「　」の使用法を見る。だいぶ定着した。

集合知のノート　６・７

とにかく「書く」ように繰り返し指導している。特に、

①　黒板に書いて席に戻った後。

②　質疑応答の最中。

①はだいぶ意識づいた。

席に戻った子に「もう席に着いてから意見や付けたし等を１つは書いた子?」と聞く。また、「１時間にノート２ページは使いなさい」と話し、授業後個別評定する。これでずいぶん子どもが書く意識を高めた。「書いた量が考えた量だ」とも。

②が課題だった。しかし、今日は結構書いた。とりあえず内容よりも量だ。

３年生、本日のトップはノート５ページ。すごい。３～４ページ書いた子も多数いた。だいぶ伸びた。

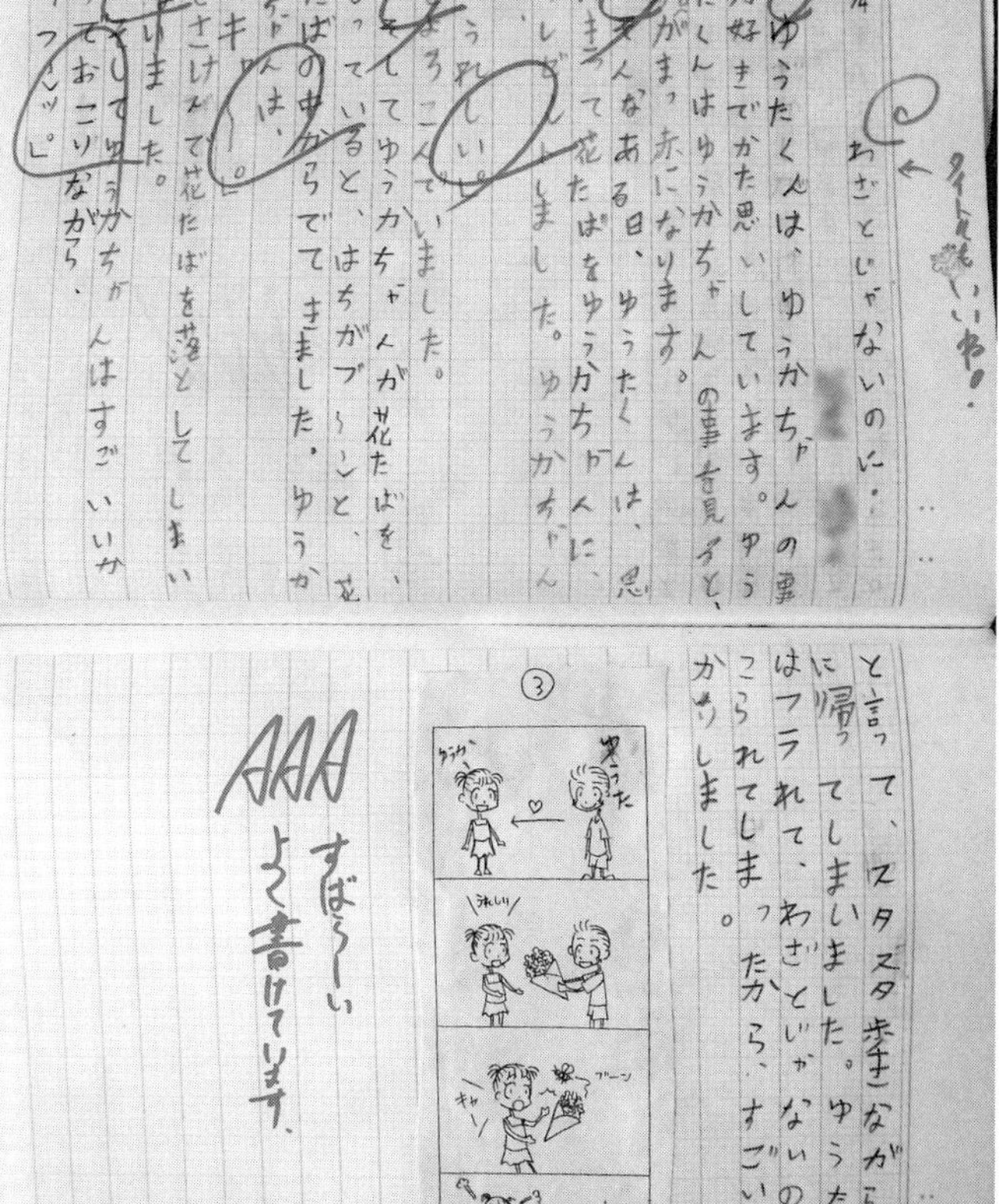

「今日、○ページ書いた子？　その子はノートにＡＡＡと書いておきなさい」

このような個別評定を毎回繰り返すのみだ。ちなみに、今日の質疑応答で発表した子は９割以上だった。

本日、２７０回目の研究授業　６・８

算数少人数で「大きな数の足し算・引き算」（東京書籍）の導入。

変化のある繰り返しでアルゴリズムを体内注入した。特別時程、朝会後の１時間目ということもあり、スキルまで入らなかった点が甘かった。後は指導案通り進んだ。

以下、指導案を示す。

１　日常的指導

・百玉そろばんで「５の合成・分解」「10の合成・分解」を行う。

２　既習の確認・修正

・Ｐ52の問題を解きながら、足し算のアルゴリズムを確認・修正していく。
「29＋14の計算を筆算でやりなさい」
・いくつかの方法を黒板に書かせる。
「小さい１は十の位の線の上に書くようにします」

「先生が言ったとおりに計算の手順を言います」

一の位の計算。９＋４＝13。１繰り上がる。

十の位の計算。２＋１＋１＝４。

答え、43です。

「おとなり同士で言えたら座ります。全員起立」

「今の方法で、69＋54の計算を筆算でやりなさい」
・早く終えた子には黒板に書かせる。

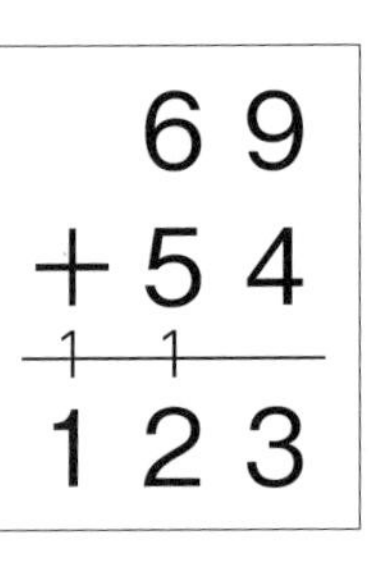

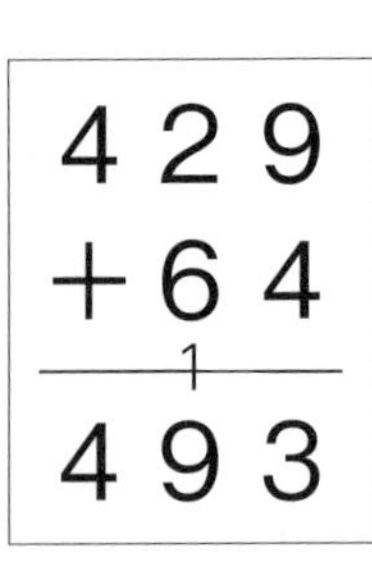

「これも先生が言った通りに計算の手順を言います」

一の位の計算。9＋4＝13。1繰り上がる。

十の位の計算。6＋5＋1＝12。

百の位の計算。1だけ。

答え、123です。

「おとなり同士で言えたら座ります。全員起立」

「429＋64の計算を筆算でやりなさい」
・同じく、数名に黒板に書かせる。
「これも先生が言った通りに計算の手順を言います」

一の位の計算。9＋4＝13。1繰り上がる。

十の位の計算。2＋6＋1＝9。

百の位の計算。4だけ。

答え、493です。

「おとなり同士で言えたら座ります。全員起立」

3　3位数＋3位数の計算

・P53の1の問題を読む。子どもにも読ませる。
・指名して答えさせる。
「（横）式を書きなさい」

「筆算でやってみなさい」
・数名、黒板に書かせる。
「これも先生が言った通りに計算の手順を言います」

一の位の計算。5＋2＝7。

アルゴリズムを体に注入する。「全員立って言えたら座ります」最近これをしていませんでした。追試させてください。私も今、面積図で注入中です。「次に何をしますか？」を連発しています。頑張ります！
授業では一斉の中でいかに1対1の場をつくるかを考えているようです。
おとなり同士で言えたら……。明日追試します。私は、起立して言わせていただけでした。緊張感が出ます！

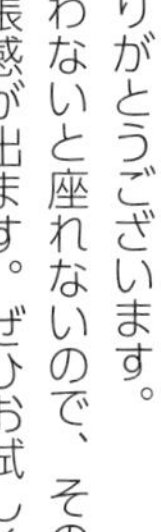

ありがとうございます。言わないと座れないので、その前の学習にも緊張感が出ます。ぜひお試しください。

十の位の計算。６＋７＝13。

１繰り上がる。

百の位の計算。３＋４＋１＝８。

答え、８３７です。

「おとなり同士で言えたら座ります。全員起立」
・まとめを読む。

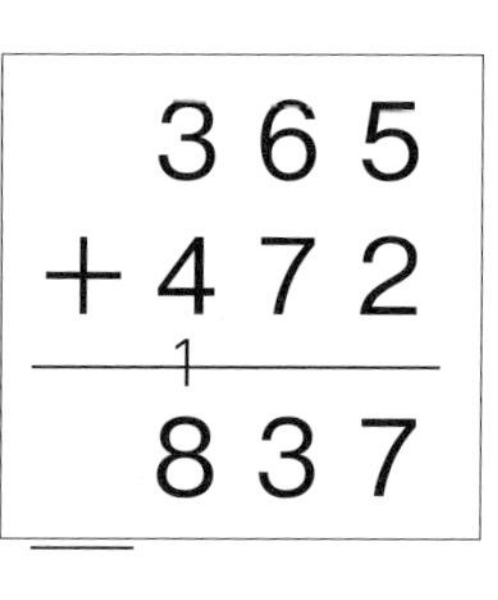
365
＋472
1
837

４　練習問題を解く

「練習問題①～③までできたら持ってきなさい」

「丸をもらった子は最後までやったら持ってきなさい」
・終わった子には黒板に書かせる。
・全問黒板に書かれたら終わりとし、答えを「アルゴリズム」通りに言わせていく。

５　習熟する

・計算スキルを行う。

ライバルは友達か？　６・10

「いい友達とはどんな友達か？」これが今日の道徳の課題。集合知で行った。

ある子が、「いい友達とはライバルです」と書いた。

これが討論になった。

ライバルは仲が悪くなるから友達ではない。ライバルはきそいあって仲良くなる。

初めて討論らしくできたかな。

最後は国語辞典で「ライバル」を引く子が。好敵手。とある。だから敵だと。

でも、好きな敵なんだけどな。ここで終わった。

TOSSメモを使った授業のまとめに挑戦　6・16

赤阪先生の実践がすごい。TOSSメモを活用し、TOSSメモでなくてはできない実践を、次々に生み出されているからだ。

向社セミナーでの発表はいつも楽しみだ。私もぜひ、赤阪先生のようなTOSSメモ活用術を身に付けたい。

まずは赤阪実践の追試からだ（といっても完全追試できないが）。ただし、赤阪実践は高学年が多い。

私はここ最近、中学年が多い。今、教えている3年生にTOSSメモを活用しての授業まとめに挑戦させてみようと思った。しかも、「副読本」を活用したノートまとめというテーマもいただいているので、TOSSメモ活用と共に考えてみた。

これからの実践になるが次のように考えてみた。

① まとめるページの副読本のコピーを全員に配布する。
② その中からまとめに使いたい写真を4枚だけ切り取る。
③ 切り取った写真1枚につき、TOSSメモ1枚を使って写真に関して調べたことを書かせる（まとめさせる）。
④ TOSSノートにタイトルを書かせる。
⑤ 写真とTOSSメモの配置をノート上で考える。
⑥ 決定したら貼り付ける。
⑦ スペースを埋める。

以上の方法で今調べている青梅市のまちの特徴のある地域についてまとめさせてみる。それを全員分コピーして冊子にし、集合知の授業へと進んでみたい。

ちなみに、この方法なら、TOSSメモは1人4枚程度の消費で済む。TOSSメモ

1冊で60シートなので、1冊あれば15人分。2冊あれば全員が活用できる。

TOSSメモは素晴らしい教材だが1人1冊もたせるには費用がかかる。できるだけ大切に、しかし、効果的な使用法も検討していきたい。

新しいことを考えて実践するのはわくわくする！
ぜひ、赤阪先生からご指導いただきたい!!

TOSSメモを使った授業のまとめ開始　6・18

前回、計画したTOSSメモを使った調べ学習のまとめ。実際に本日実施した。なんと、子どもたちから大好評であった！

「先生、これ面白い」「もっとやりたい」

昨年度、荒れていた3年生が熱狂した。学級で一番大変な子も熱中した！

写真を選んで切り取り、その写真に関する情報をTOSSメモに書いていくだけである。

写真は副読本の写真から選んでいるので、授業のねらいからも外れにくくまとめることができる。

いくつかの制限をした。写真は4枚まで。写真1枚につきTOSSメモ1枚でまとめること。ただし、どうしても足りない場合は2枚目を使用してよい。その

取り上げていただき光栄です。
問題になるのは、TOSSメモを並べるときの並べ方だと思います。因果関係や時系列など何かの基準によって子どもたちは、並べることでしょう。
また、友達同士で話し合うと並べなおさなくてはならないかもしれません。
いずれにせよ、そのときに子どもたちが、何を話し合い、どのように貼り変えたのかです。
抽象的なことで申しわけありませんが、先生の実践を楽しみにしています。

赤阪先生、ありがとうございます!!
並べさせるときに意見交換させるのですね。
① まずは自分で貼らせる。そうした理由をはっきりさせる。
② 友達と意見交換する。
③ 修正する。
こんなステップでやってみます。赤阪先生直々のご指導ありがとうございました！

場合、写真が4枚は貼れなくなるので1枚減らすこと。

完成が楽しみだ。明日、もう1時間実施して完成させる。

TOSSメモを使った授業のまとめ・作品　6・19

学級の半分の子が終えた。3年生にはどこに配置するかはあまりこだわる子が少なかった。

見開き2ページのノートまとめを昨年度の3年生にはほぼ丸投げしてみたが、今回の方が格段にいい感じがする。これを経て、丸投げに進んでいけそうだ。

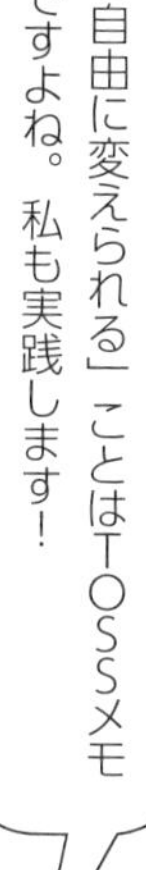

「配置を自由に変えられる」ことはTOSSメモの利点ですよね。私も実践します！

ありがとうございます！　そうです。まだ子どもには「貼り付け禁止」中です。最後に配置を考えさせます。
この経験の後で「見開き2ページ丸投げ」をやっていけば3年生なりに上手なまとめができるようになるのではないかと仮説中です。

村野先生、素晴らしいです！

ＴＯＳＳメモだと書くスペースが限定されるので、苦手意識を持っている子にとっては「これなら書ける」となるでしょうし、得意な子にとっては「要点をまとめる」となるのではないかと思いました。


ありがとうございます!!　先生に「素晴らしい」と言っていただき、自信になりました。確かにＴＯＳＳメモ１枚につき、１トピックと決めることで子どもたちは熱中しました。

なるほど、要点をまとめるということになりますね！　その前の段階でしっかり調べ学習ができている子はまとめも素早かったです。

さらに追求していきます。

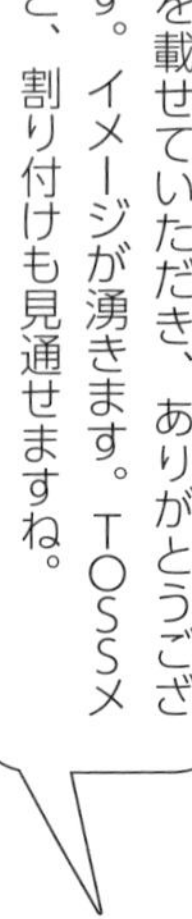

作品を載せていただき、ありがとうございます。イメージが湧きます。ＴＯＳＳメモだと、割り付けも見通せますね。

村野先生、子どもたちが楽しんでやっている様子が浮かびます。

さらにマップ上に貼ることも考えられます。

また、友達同士で集めてしまうことも考えられます。

みんなで集めてつないでみると何かの発見があるというのも楽しそうです。


ありがとうございます。赤阪先生には様々な形態の授業が眼に浮かぶのですね。

私もその域に達したいです。

様々試してまいります

ありがとうございます。確かに割り付けをあとで考えることもできて便利です。ＴＯＳＳメモの可能性を赤阪実践から抽出していきます。

注意したくなったらほめる　6・21

学級で注意を入れたくなる子がいる。そんなとき、あえて、

「～できている人、起立。素晴らしいです。（賞賛）～ができると～になります（趣意説明）」

と言うようにしてみた。注意する子にどうしてもしたい場合はその後で軽く言う。

「できていない人、次に期待します」（言わなくてもいいのかも）

注意したくなったらできている子をほめる。意外と難しいので、「今日だけ」と思って限定でやってみるといい。意外な結果が生まれる！

10割できていないとほめない　6・25

学級で27人中2～3人ができていないと、全体をほめにくくなりませんか？

私は最近、2～3人できていなくても全体としてほめるようにしています。

そうするとやんちゃが言うことがあります。「～君はできてないよ」と。

その発言はスルーします。声が出ない子が1～2人いても、「いい声の出るクラスだなあ」と言います。そうすると、なぜか、全体のレベルがグーンと上がります。

また、専科の授業に出発する前に、

「あ、そうそう、そう言えば、3年1組のみんながしっかり学習できているって図工の先生が喜んでいましたよ」

「友達を注意するときの言い方もやさしくなったと言っていました」

このことは事実は半分です。これまでにもふざけたり、注意がキツかったり、がたくさんあり、今でもまだあるのです。

でも「できていることにする」のです。

ここでも、「～ちゃんがふざけていたよ」という意見が出ても、スルーします。

こうすると、結果として子どもはしっかりやってきます。

ところで、こういうことを子どもたちに伝えるときは、「あ、そうそう、そう言えば……」と、偶然思い出したかのように言うと効果的。

昨年度、崩壊していた学級もだいぶ落ち着いてきました！

自作「野鳥版　おてほんくん」　6・24

本校では総合の学習で野鳥を扱う。「おてほんくん」の野鳥版があったらいいなあ！　とここ数年思っていた。自作も考えたが、鳥の羽の模様を描くのが困難で諦めていた。

しかし、「輪郭」だけでもいいのでは？　と考えた。細かい模様は着色の際、子どもたちが書き加えていけばいい。そこで、輪郭と簡単な色の分かれ目だけのスケッチにした。

日本野鳥の会の方から子ども用に「ミニミニ野鳥図鑑」をいただいている。ここに描かれている野鳥を直写して作成した。

「おてほんくん」と「わくわく図鑑」の関係のように同じイラストにしたかったからだ。なぞったあとは図鑑を見ながら着色していけるというわけだ。

子どもたちは「楽しい」と言ってくれた。自作教材で子どもが喜んでくれる嬉しさ。さらにつくっていこう。

研究発表会終了　6・28

勤務校の研究発表会を昨日終えた。

これまでの研究発表の型を崩して行った。

通常は次の流れだ。

カワセミ
全長１７cm
とびながら「チーッ」と細い声でなく。
水辺のくいや木のえだにとまって、小魚をねらう。

ヒヨドリ
全長２７cm
ねずみ色の体に赤茶のほっぺ。
なきごえは「ヒヨ、ピーヨ」とかんだかい。

シジュウカラ
全長１５cm
黒いネクタイがチャームポイント。
さえずりは、ツッピーまたはツツピーのくりかえし。

1　公開授業
2　研究発表（体育館等で）
3　講演

時には質疑応答も削除される。しかし、これはおかしい。

野口芳宏先生がかつて、「公開授業の前に研究発表をすべきだ」というようなことを書いていた。まったく同感である。研究発表してから、「では、その視点で授業をご覧ください」とすべきだからだ。私もかつて研究主任だったころ、このような形で行ったことがある。

そして、今回はさらに徹底した形でできた。

1　各教室のテレビに授業参観の視点を流す
2　公開授業
3　各教室でその参観者と研究協議会
4　体育館で研究発表
5　講演

しかも、4の研究発表は動画を中心としたつくりで飽きさせない。プロジェクトXのような構成だ。たくさんのアンケート用紙が回収された。これにもびっくりした。

私は3年の社会を行った。子どものつくった資料を印刷製本し学級資料集とした。これを使った集合知の授業である。向山実践の3人の武将の追試だ。子どもたちはたくさん質疑応答をしていた。協議会では様々なご意見をいただいた。これぞ研究だな。

3年生の討論　7・1

3年生の討論はなかなか難しい。そんなことは分かっているが、100回やればなんとかなると思って実施する。

しかし、今日、実感した。何よりも「集合知」の授業を乱発すべきだと。河田先生がおっしゃる通り「言葉のやりとりを教える」には集合知がいい。

今日の道徳の授業では「質問」と「反対意見」が混在していた。

今日は初めて学級のほとんどの子が発言できた。それは、最近、集合知の授業（質疑応答の授業）を増やしたからだ。

数年前、初めて集合知の授業を実践したときのことを思い出した。

今年はガツガツ討論へ近道しようとしていたなと反省。3年生の1学期は集合知だけでもいいいくらいだ。

学級資料集から集合知へ　7・3

TOSSメモを使ったノートまとめをすべて印刷し、全員分を製本。向山実践だ。

この資料集をどう活用するかが懸案事項だった。その答えは集合知だ。学級資料集の内容へ質疑応答していく。

圧倒的な内部情報を蓄積できる。今日までに2時間行った。途切れることなく質疑応答が続いた。

こうやって波及させる。「気になる記号」報告文　7・4

リライトした教材で教えた。その後、日記で習熟させた。記号は教師から提供した。

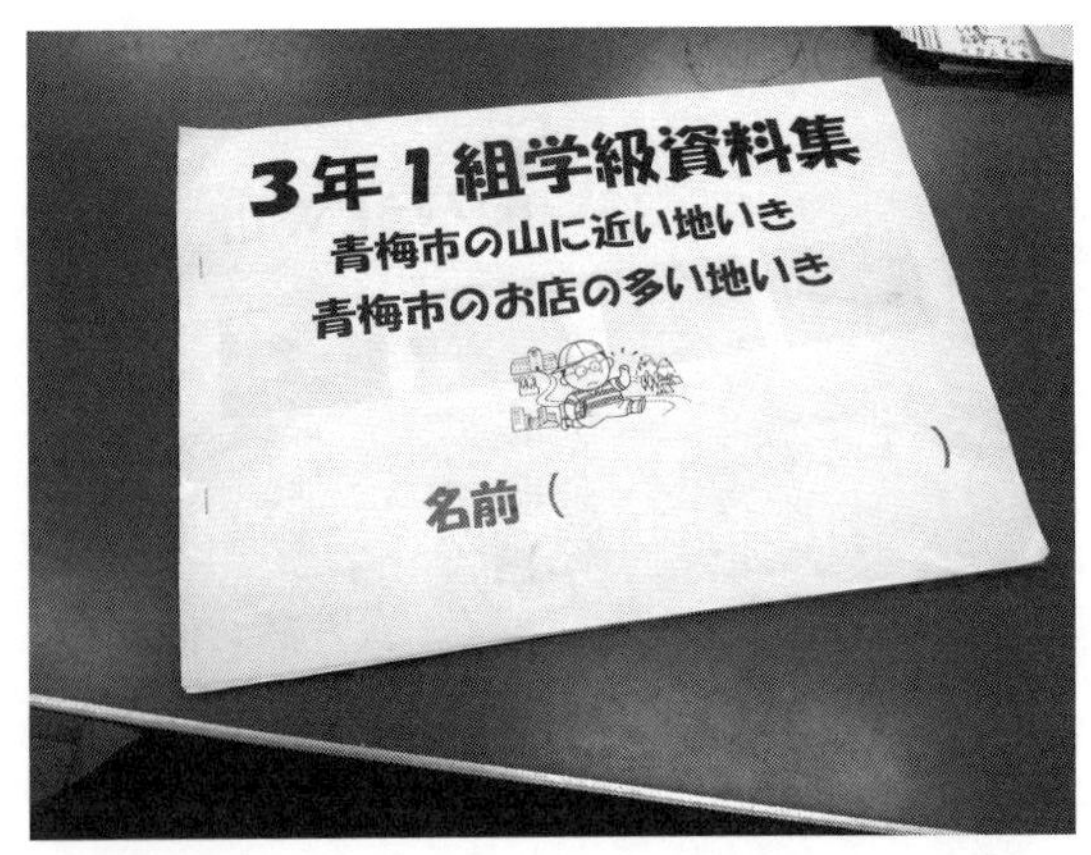

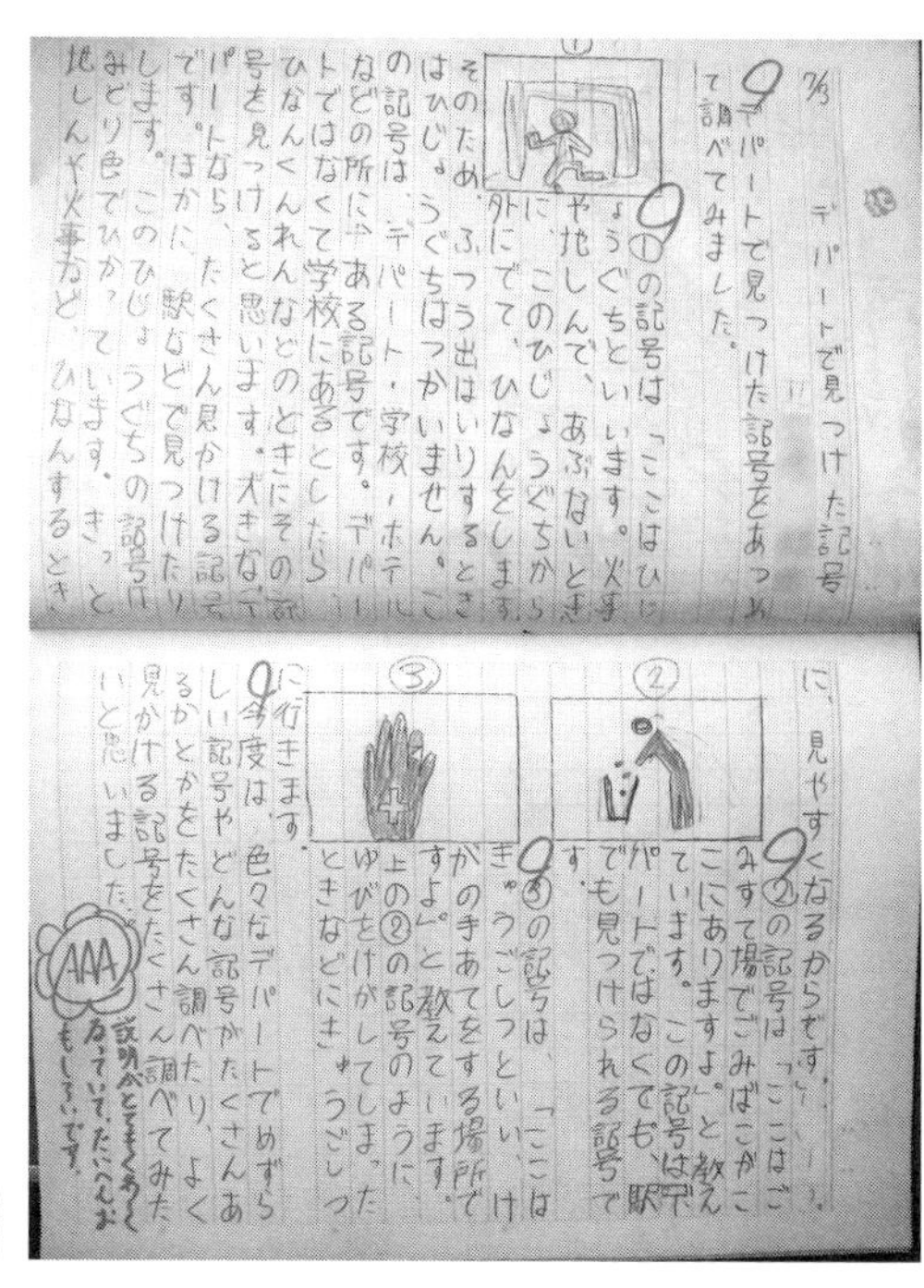

書けますね。すごいです。徹底した個別評定……角が立ちませんか。自分はコメントも足して柔らかさを出すようにしています。村野先生なりのポイントがあれば、教えてください。お願いします。

少し前まで2年生だったとは思えません。鍛えるとこんなにも書く力が付くのですね。子どもたちも自分の成長に驚いていることでしょう。

ありがとうございます。だいぶ書けるようになりました。中には毎日、4ページ書いてくる子もいます。徹底した個別評定の力です。

ありがとうございます！　山積み評価法で角が立ちません。それどころか子どもに火がつきます。コメントももちろん書きます。評定が低かった子には帰り際に数分指導します。教えた内容なのですぐに入ります。翌日は必ず高い評定が出るようにします。角など立ちません。

東西南北の覚え方　7・8

思い出しましたが、知っていますよね。東西南北の覚え方。子どもが間違えるのが（大人も？）、西と東。北という漢字をよく見てください。

北

右側に「ヒ」とあります。だから、右側が「ヒ」がし（東）になるのです。

これで方位のテストは全員が得点できました。ミス0でした。

算数教科書の単元まとめ練習問題のやり方　7・9

様々あると思いますが、私の我流を聞いてください。教科書単元末のいわゆる「まとめ」の問題です。

数と計算領域では通常、

①　計算問題

②　文章題

という配列です。

これを①から順にやらせると、時間内に②の文章題を1題もできずに終わる子が出ませんか？

そこで、私はいつも、②→①の順序で解かせます。②の文章題は通常3題程度。そのうち、一番最後の問題は少しジャンプしていることがあります。

そんなときは、

②（最初の2題）→①計算→②（ジャンプ文章題）

とすることもあります。

いずれにしても、①から順番にやらせることはだいぶ減りました。これは漢字スキルの練習ページと同じ思想です。

縦にやると練習しない漢字が出てしまうということです。

こんな我流ですが、皆さんはまとめをどう扱っているのでしょうか。

ファンタジー教材の扱い方　7・9

かつて「つり橋わたれ」という教材があった。また、光村3年にも「海をかっとばせ」がある。4年にも「初雪のふる

日」がある。これらの教材はすべて、

現実↓不思議な世界↓現実

という「神隠し」の構造になっている。

そこで、共通に問えるのが、

「どの文から不思議の世界に入ったのですか」
「どの文から現実に戻ったんですか」

という発問だ。これは討論向きの発問だ。

特に「初雪のふる日」では入口が討論になった。

また、「海をかっとばせ」では出口が討論になった。

これも1つ、ファンタジーの扱い方として覚えておくといい。ちなみに映画「千と千尋の神隠し」の入口と出口も討論になる。

山積み評定法　7・11

子どもの日記、3年生。今日は10人が3ページ書いてきた。

しかも今日はあまり作文の得意でない子が2人入っていた。これはひとえに「山積み評定法」による。

日記に評定を書き込むことは誰でもされるだろう。私はそれを評定別に「山積み」にする。帰りの際、教師の机の上に複数のノートの山ができる。

AAAの子から返す。

名前も言い、何がいいかも言い、みんなの前で返却する。すると、次の日はその日の「評価基準」が子どもに入る。

次の日は子どもたちの日記が変化するのである。おすすめである。

記号作文がんばる　7・11

日記で記号作文を続けている。今日は3ページに達した子が半数を越えていた。報告文であるから本来は確かな情報のみで書くべきだが、自分の見解も認めている。

しかし、ここのところ、調べて書いてくる子が急増している。調べて書いてきた子をほめたからだろう。

頑張って書いてきている子の中に、新しいヒーローがいるのが嬉しい。逆転現象が起きている。

「方面」配り？　7・15

子どもに配布物があるとき。特に、名前が書かれた配布物のとき。集金袋とか書きかけの作品とか。学級の数名に配らせてもいいが、私のこの方法は結構早く全員に行き渡る。適当な枚数を適当な子どもたちに渡す（5枚程度を6～7人程度かな）。

子どもたちは全員座った状態で。そして自分席から、配る物の子どもの「方面」に回させる。みんな「～ちゃん方面」と言って近くの子にどんどん渡していくのだ。

あっという間に配り終えますよ。私は席の中心にいる子に適当に配ります。こんなことは誰でもやっていることなのでしょうか。

分担なしで大掃除　7・19

清掃分担することなく自分たちで掃除すべき場所を探して大掃除に挑戦させた。

「こんなこと、できたクラスはこれまでに1つしかありません」

子どもたちに火をつける。3年生でも自分たちで掃除を進めていた。基本的に自分で見つけた掃除はすべて認めやらせてみた。

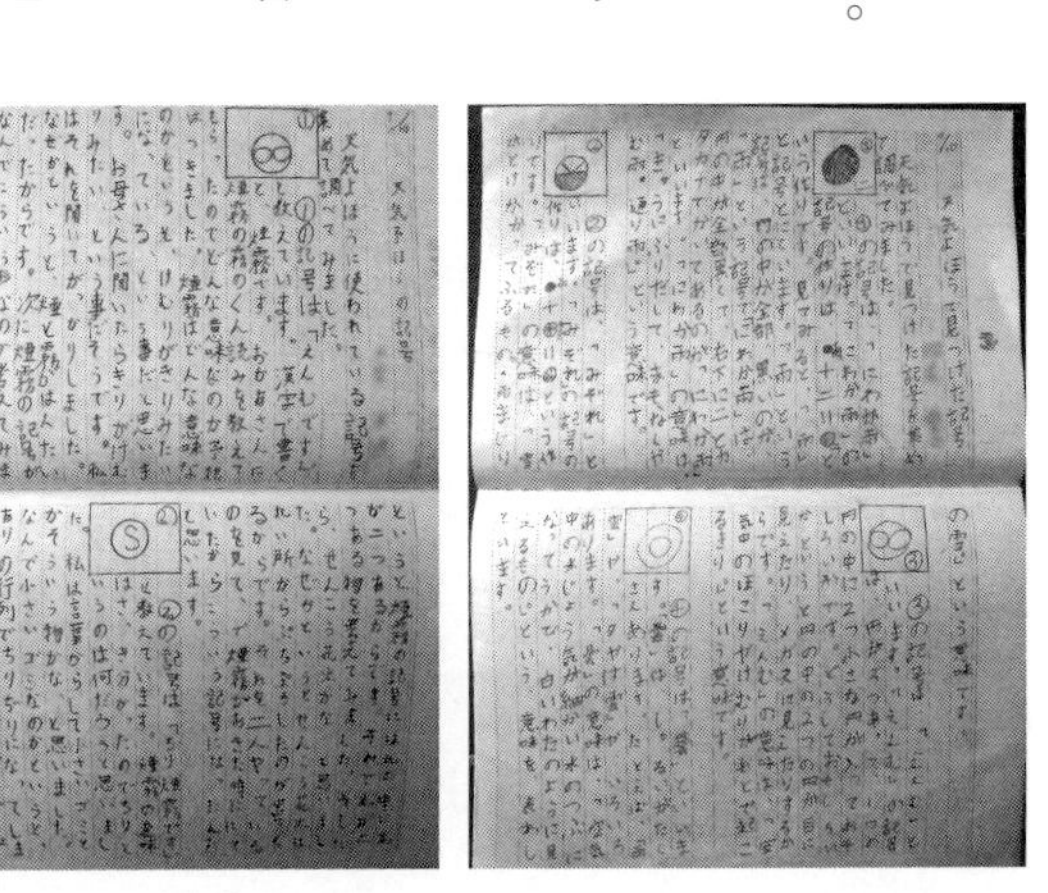

考えてみればたかだか大掃除。子どもの自主性を伸ばせるならば多少おかしくてもいいわけだ。そして、本当によくがんばってきれいにした。ほめた。

1学期最後の日をたくさんほめて終えることができた。ハイタッチしてさようなら。

大掃除前の語り　7・20

いつも子どもに大掃除の前に話す。

「いつもの掃除はみんなの目は下の方を見ていると思います」
「大掃除の時は目線を少し上げて、正面やもう少し高いところを見ながら行います」
いつもしないところをやるのですよ……と言うよりも効果的だ。

向山学級の「社会科まとめ」の方法　7・28

向山学級のノートや実践記録集に目を通す。向山学級も様々な「まとめ」をしている。
①　ノート見開き2ページまとめ
②　作文でのまとめ（社会科の評論文ともいうべき量）
③　年表でのまとめ
④　「社会科学習用語まとめくん」でのまとめ
これだけ見つかった。

一般的な「新聞によるまとめ」は向山学級でも実践していたのだろうか？　私は「クロスワード」によるまとめも行う。

かつて、「教室ツーウェイ」誌でも「クロスワードで教科書まとめ」という特集が組まれた（これがもとで私はクロスワードづくりを始めた）。もしかしたら、学習ゲーム&パズルでまとめを行っていた可能性もある。

残暑見舞いに旅先のスタンプ　8・11

ずっと考えていたが、やっと実行。地元でハガキを購入。旅先の記念スタンプを押す。これを子どもたちに送る。

新学期の準備　8・29

テストの組み替え。中にはプレテストと見直しシート。

明日から2学期　8・31

0　転入生自己紹介
　全員自己紹介（全員発表①）
1　健康観察
2　先生の2学期の方針（PC使用）
3　先生の夏休み（PC使用）
4　子どもたちの夏休み（全員発表②）
5　提出物回収
6　持ち物とルールの確認
7　1人1役当番
8　教科書・スキル等配布・アイロンがけ・記名
9　1日の感想発表（全員発表③）

Ⅱ

２学期

子どもの成長と伴走!
楽しく教師修業

9月　2学期の出発―慣れをブッ壊すクオリティオブライフ

初日は全員が出席。何よりだ。

転入生もしっかり者の女の子。保育園が一緒だった子がたまたまいて、ちょっと安心した。朝の挨拶がすごく元気！

子どもの挨拶の後の私の第一声。

「先生、たくさん栄養分をもらいました！」

あと、朝から鳥騒動。雛を拾ってきた子がいた。雛は拾ってはいけないことを教えた。かえって、母親と引き離すことになる。

2日目の予定　9・1

1　音楽（専科）
・新しい専科当番の仕事ぶりを確認する。
・組織が新しくなったのであらゆる仕事の指導とチェック。
2　国語「わたしと小鳥と……」
・音読→わきお→黒板→質疑応答
3　学活
・係り決め
・目標決め
・持ち物記名確認
4　算数「大きな数」
5　作文「常体と敬体」
・作文ワークを使う。この日より日記の文章は常体で書かせる。

午後は休暇をいただき、都庁へ用事で。ということは、夜、新宿で……。

初日から国語授業　９・１

本日、始業式。早速、授業をした。

「わたしと小鳥とすずと」「みいつけた」どちらも三連詩だ。

これを伴先生の「結合分断法」（三連を結合し一連とし、どこで分断すれば三連になるか検討させる授業方法）で扱った。

今日は「わたしと……」の方を行った。ほぼ全員が全体を正しく三連に分けることができた。明日の国語ではこのことを作文にして書かせる。というより、教師の例文を視写させる。

次の「みいつけた」も結合分断法で行い、今度は自力で作文を書かせる。一度、書き方を視写させているので、書けるだろう。こんな展開。

「おてほんくん」鳥編・またつくった　９・４

本校では総合で「野鳥の学習」が入る。以前も書いたが「おてほんくん」の野鳥版が欲しかった。

そして、自分で1学期につくった。これが好評で子どもたちが喜んだ。

そこで、また4枚つくってみた。明日、子どもにやらせてみる。きっと喜んでくれそうだ。

ちなみに、「ミニミニ野鳥図鑑」を日本野鳥の会でいただいて全員がもっている。もちろんカラーなのでこのイラストを見てつくっている。こうすることで着色も「わくわく図鑑」と同じようにできる。

ちなみに、私も直写ノートで作成している。

「おてほんくん」で大喜び　９・５

昨日のダイアリーで記した「おてほんくん」を授業で使った。子どもたちは

喜んでくれた。

今回は着色にこだわらせた。

「コサギは白っぽい鳥だが、白い場所はない！」と言って着色にこだわらせた。

使用できる色鉛筆も指定した。こうしてできた作品を紹介する。

小中一貫で算数の授業①　９・８

大きな数の大小。等号・不等号。本学区の小中一貫はＴＴ体制で行う。今回は私の学校が会場校なので私の授業に他校から２名が入る。

「食いしん坊ワニ」が子どもからもＴＴからも評判でした。

小中一貫で算数の授業②　９・９

「食いしん坊ワニ」はりんご、肉を食べる（不等号）。人は悩む（等号）。そして、抽象化していく。

小中一貫で算数の授業③　９・９

練習問題の解かせ方も、

「個人差に困っていました。勉強になりました」

と言っていただきました。

また、「あかねこ計算スキルは知っていたけど、こうやって

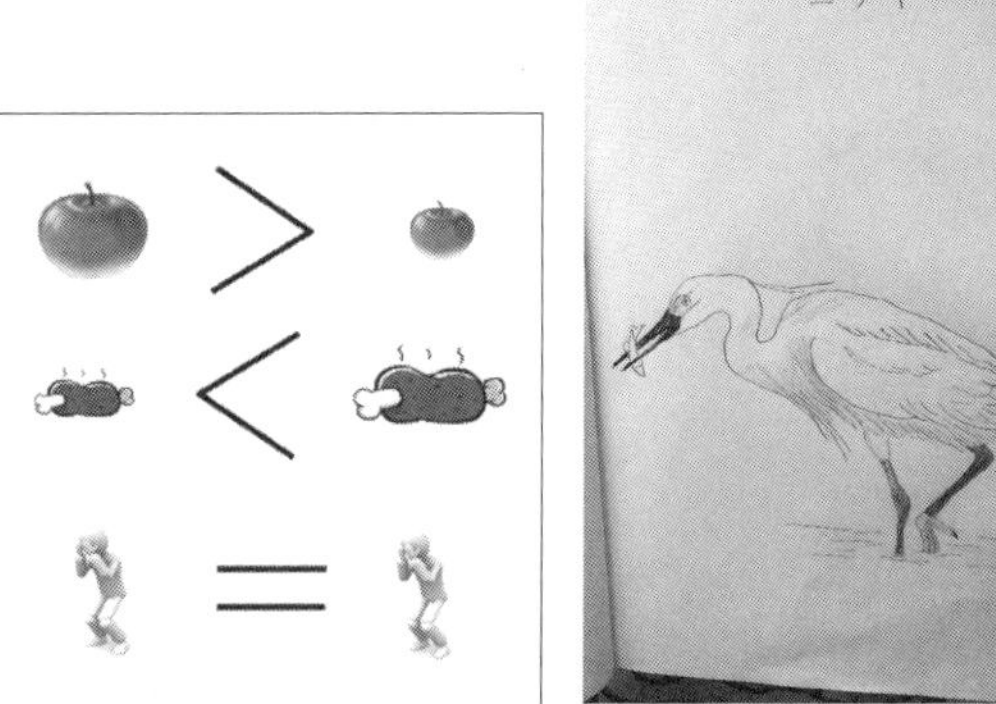

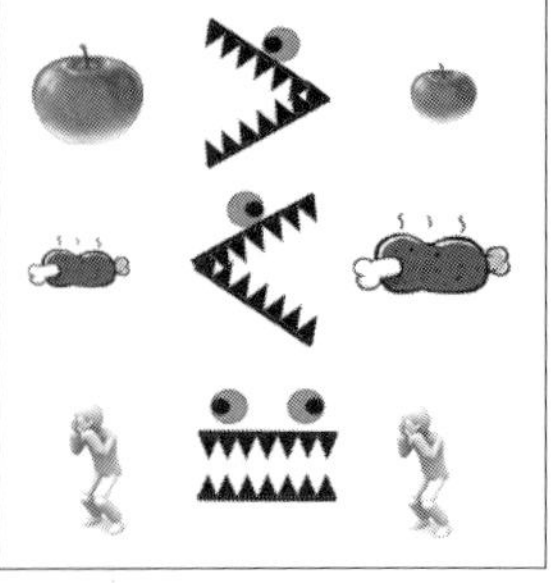

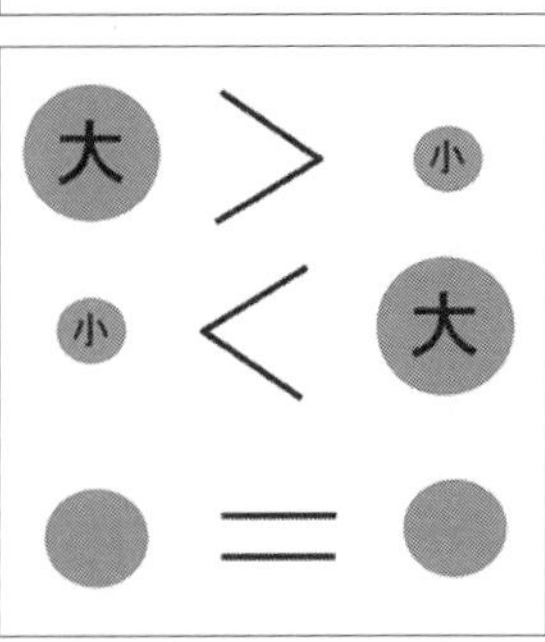

使うとは知りませんでした。すごくいいですね」とも言っていただきました。向山型算数の威力です。

車偏の漢字　9・10

3年生「へんとつくり」の学習の発展。車偏の漢字の追試。

まずは問題を出す。

車＋赤

「この漢字が読める人？」

「これはしょうぼうしゃと読みます」

子どもたちは、

「そんな漢字があるんだあ！」

と驚くが、すかさず、

「先生が考えました」

エエ～!!

「みんなにも同じように車偏の漢字を考えてもらいます」

書けた子はどんどん持ってこさせて、私が黒板に書いていった。ただし、読み方は示さない。

どうしても考えられない子もこの後の「読み取りクイズ」で楽しめる。黒板に出尽くした「車偏漢字」の読み方を予想してノートに書かせていく。正解は考えた子に言わせた。

こんな漢字が登場した。

車＋白＝救急車
車＋黒＋白＝パトカー

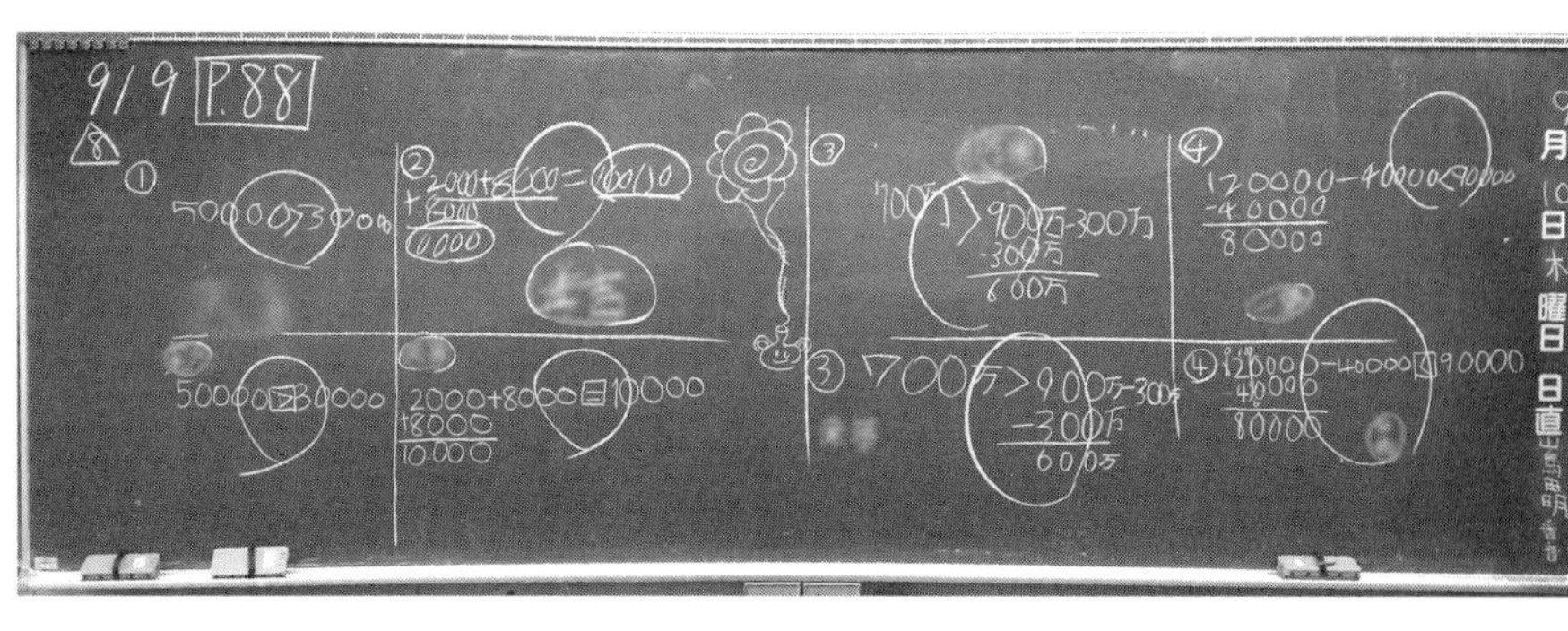

車＋五＋三＝ゴミ収集車
車＋九＋九＝救急車
車＋大＝トラック
車＋強＝戦車
車＋長＝バス
車＋黄＋皿＝ショベルカー
車＋早＝レーシングカー（本当は「速」かな）

学習技能を鍛える　9・11

集合知の授業や「話す・聞くスキル」を1学期から継続して行っている。2学期が1学期と同じでいいわけがない。

ここ数日は局面を限定してトレーニングさせている。例えば、黒板の意見の全員発表。「矢継ぎ早」に言えるように鍛える。

自分が誰の次に発表するのか？
話す・聞くスキルで鍛えている声が出ているのか？
前に発表した子の後、1秒以内で発表開始できているか？
発表の言葉はスピードがあるか？

これらのことをひとつひとつ、子どもの発表を通して教える。25人が1分30秒ほどでできた。

まあ、また、次は遅くなったりするが、ここは泥臭く繰り返す。また、ノートに5分間で「わ・き・お」を10個以上書くということもトレーニングする。書けない子には、具体的に言う。「スーパーが1番だ」「コンビニが2番だ」と書きなさい。無理やりにでも10個書かせる（それでも書けない子がいるけど、それはそれでいい。いつもよりも伸びていればいい）。

すべてに共通するが必ず個別評定をする。「〜できた子はノートにAと書きなさい」

この個別評定を私はこれまでに授業の最後にまとめて行うことが多かった。しかし、竹岡先生の講座を受けたとき、その場で評定し、Aを書かせる場面に遭遇した。

そうか！　その瞬間に書かせた方が旬だ。

だから、私も今はそうしている。

例えば、黒板に自分の意見を書いて戻った子はさらに意見をノートに書くことになっている。今までは、

「今、戻ってきてから意見をノートに1つでも書いた子？」

と挙手させて終えていた。挙手させたら、言うべきだったのだ。

「その子、Aと書いておきなさい」

こちらの方が学習技能は子どもにどんどん身に付く。こんな当たり前のことに気がつくのに私は時間がかかりすぎだ。

子どもの学習技能が身に付けば様々な学習が効果的に行える。

日記を100点満点で評定する　9・30

これまで教えた10項目。この10項目ができているかどうか点数化している。今日は満点が9名。この評価項目は当然子どもに教えている。

この方法で子どもの日記がグーンと伸びる。ほとんどの子が80点以上。

10項目とは下の項目です。

1　題名
2　名前
3　書き出しの1字下げ
4　句読点
5　会話文
6　段落構成
7　常体と敬体の統一
8　漢字使用率
9　長さ
10　ていねいさ

4月からの作文指導を一斉評定する　10・1

4月から3年生に様々な作文技術を指導してきた。それを日記で習熟させていった。夏休みを過ぎ、それらの指導の定着率を一覧表にした。子どもの書いてきたここ最近の2〜3日分の日記を見て評定した。

このような作業をすると、ひとりひとりの定着率を一覧できてよい。これを黒板に貼って、子どもに自分の「苦手」を理解させた。苦手といっても「忘れている」だけのことだ。

自分が意識していなかった部分を意識すればまたすぐに書き方を思い出すだろう。

この評価はすごい。子どもの力を確認するとともに教師の力が付きますね。

こうやってまとめるといろいろなことが見えてきました。指導の方針も立ちます。1学期は主に「表記上のルール（マナー編）」でした。2学期からは「論理的順序」を徹底して教えていきます。授業とのリンクも図っていきます。今日、早速、そのような指導と宿題を出しました。

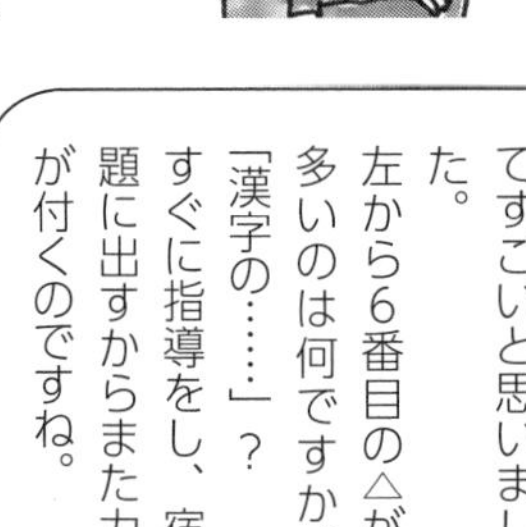

ぱっと見て丸が多くてすごいと思いました。左から6番目の△が多いのは何ですか。「漢字の……」？すぐに指導をし、宿題に出すからまた力が付くのですね。

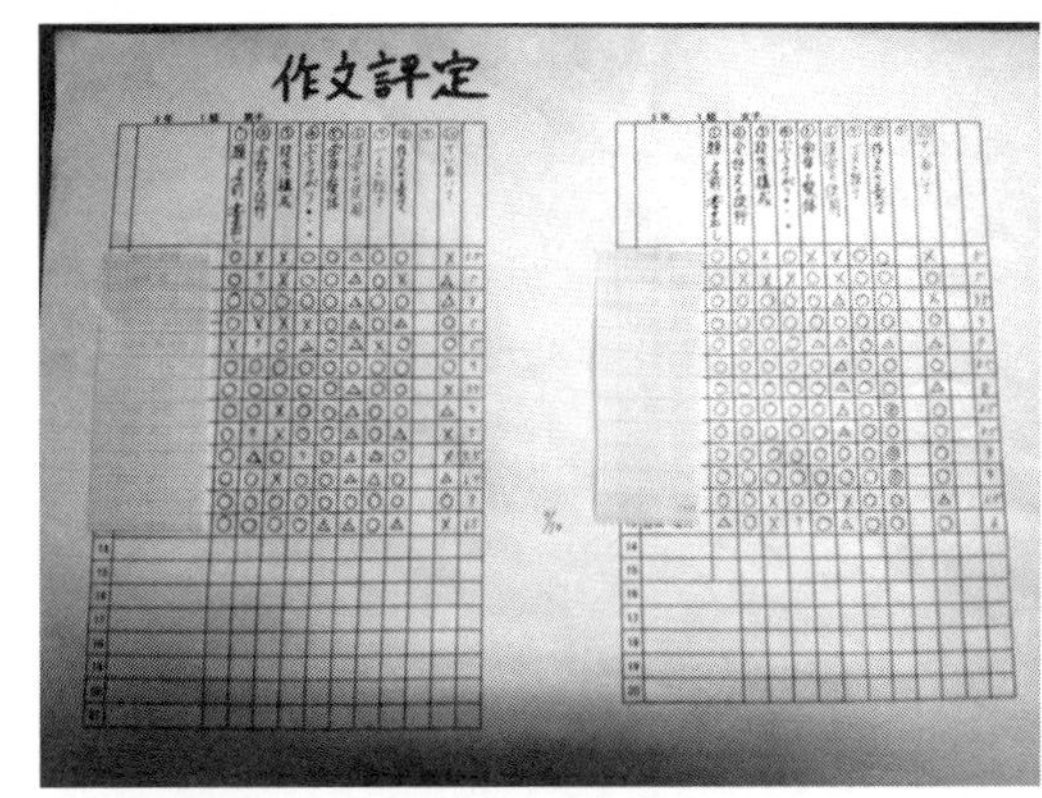

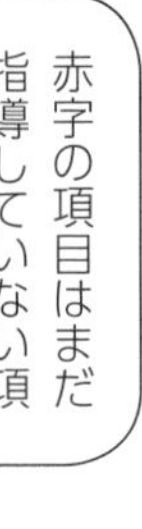

赤字の項目はまだ指導していない項目です。漢字の使用率です。次はこれです。使った漢字の数を書かせます。

第3学年　社会科学習指導案

平成26年10月15日（水）　児童数26人　指導者　村野　聡

単元の目標と評価基準

単元名　**見直そう　わたしたちの買い物**

単元の目標　地域のお店の仕事の様子について見学したり調査したり調べ、仕事に携わっている人々の工夫を考えることができる。

評価基準

- 関心・意欲・態度　地域のお店の仕事の様子に関心をもち、意欲的に調べている。
- 思考・判断・表現　地域のお店の仕事の様子について課題を見出し考え解決し文章で表現している。
- 資料活用の技能　地域のお店の仕事の様子について情報を集め、読み取っている。
- 知識・理解　地域のお店の仕事について理解している。

研究主題との関連

中学年研究主題　様々な資料を正しく読み取り自分の考えを交流できる子の育成

中学年の研究主題「様々な資料を正しく読み取り」の部分は本時においては教師が提示する形にする。主に写真資料を提示し様々に考えられるようにする。1枚の写真資料から様々な情報を読み取らせるのではなく、多様な写真資料で授業する。「自分の考えを交流できる」の部分は「自動販売機はお店か」という問いに対して自分の考えをノートに書かせることで確定させる。その考えを発表させ、討論させることで交流させていく。日常的に話し合う活動を行うようにしており、3年生なりの話し合いができることを期待している。以上の手立てが有効に働けば研究主題に迫れるだろうと考えた。

児童の実態

資料の読み取りについては主に写真資料から多様な情報が取り出せるように指導を繰り返している。また、自分の考えを常にノートに書くことや、話し合いの方法やメモの取り方も教えている。3年生なりにできるようになってきている。本時でも指導したことをもとに意見をノートに書き、発表し、話し合いができることを期待している。

単元の計画

第1次　買い物調べをしよう

1時　レシートの読み取り
　　買い物調べの準備

2時　買い物調べの集計とグラフ化

3時　グラフの読み取り
　　学習課題設定

4時　スーパーにはどうしてたくさんお客さんがいくのか

5時　スーパーにたくさんのお客さんがいくナンバー1の理由はどれか

6時　スーパーの 売るための工夫

7・8時　スーパーの見学

9・10時　売る工夫の検討

第2次　上手な買い物をしよう

1・2時　商品のどこを見て買うといいか

3・4時　商品はどこから

第3次　発展・自動販売機

1時　自動販売機はお店か（本時）

教材について

3年生の「スーパーマーケット」の仕事の学習を一通り終え、さらに「お店とは何なのか」「お店で物を売るとはどういうことなのか」を3年生なりにつきつめて考えさせる授業を構想した。発展的・トピック的な扱いである。その上で「自動販売機はお店か」という課題を検討させる。自動販売機をめぐってお店について深く考えさせたい。自動販売機は全国で550万台設置されているという。また、経営コンサルタント牟田學の「お店」の種類を提示し、思考の足がかりにする。牟田學によれば、商品の売り方には5つしかないという。①店頭販売②訪問販売③媒体販売④展示販売⑤配置販売である。このうち、⑤の配置販売を取り上げる。この販売方法に代表されるのが江戸時代から始まった「富山の置き薬」である。これは、薬を家庭に置き、使用してもらい、使った分だけのお金を集め、薬を追加してまた置いておくというシステムの販売方法である。この販売方法は現代でも引き継がれている。自動販売機はまさに「富山の置き薬」と同じ販売方法なのである。このような情報を子供に伝え、お店とは何か、自動販売機もお店と言えるか検討させていく。なお、「自動販売機はお店か」という問いは有田和正氏の実践であり、本時の授業はその修正追試ということになる。本授業ではたくさんの映像コンテンツを使用しながら、3年生でも理解できるように工夫した。

本時の指導

(1)　本時の目標　自動販売機はお店かどうかを検討することで「お店とは何か」考えることができる。

(2)　本時の展開

1　お店とは何か考える

「お店とは何ですか。＜～ならお店と言える＞とまとめなさい。」

・黒板に書き、発表する。

　＜ものを売っていたらお店と言える。＞

「お店についてもう少し詳しく見ていきます。」

・パン屋さん、お米やさん、などは何を売っているか考える。

・床屋さん、ゲームセンターなども「サービス」を売っているお店であることを知る。

① お店で商品を売る。
② インターネットなどで商品を売る。
③ 訪問して商品を売る。
④ イベントで商品を売る。
⑤ 商品を置いておいて売る。

2　自動販売機で売っているものを考える

「自動販売機でもものを売っています。どんなものを売っていますか。」

・いくつか発表する。様々な自動販売機があることを知る。

3　自動販売機はお店か検討する

「自動販売機も様々なものを売っているのでお店ですよね。」

・自分の意見をノートに書く。その後、要約文を黒板に書く。

・自動販売機はお店かどうか討論する。

4　お店の「売り方」について考える

「牟田学という人はお店とはこのようなものだと言っています。」

　①商品がある。②5つの売り方をしている。

「5つの売り方、例えば、どんな売り方がありますか。」

・店頭販売、訪問販売、媒体販売、展示販売、配置販売

5　富山の薬売りについて知る

・富山の薬売りの写真を見る。

「この人は①～⑤のどの販売方法の人でしょう。」

・富山の置き薬を売っていた「薬売り」であることを知る。

・置き薬だから⑤が正解となる。

・富山の薬売りの販売システムを知る。

　1　薬を家庭に**置く。**　2　薬を**使う。買う。**

　3　使った分のお金を**集める。**　4　薬を**追加**する。

「置き薬は今でも行われているのですよ。」

6　富山の置き薬と同じシステムの販売方法を考える

「このような⑤の販売方法、商品を置いておいて売る方法は、今でも多く使われています。どんなところで使われていますか。」

・自動販売機がまさに同じシステムの販売方法であることに気がつかせる。

7　再度、自動販売機はお店かどうか考える

「では、もう一度聞きます。自動販売機はお店ですか、お店ではないですか。」

・自分の考えを書く。

8　最終的な自分の意見を発表する

「書けた子から発表。」

(3)本時の評価　自動販売機はお店かどうか自分の考えをノートに書けたか。さらに、討論に参加することができたか。

指導案をB4・1枚に収めてみた　10・3

明日、市内社会科研究部の指導案検討がある。私が「買い物調べ」の研究授業を行う。授業はこの夏、社会科セミナーで許先生が提案された「自動販売機」の授業の追試にした。先日、サークルで模擬授業したがみなさん「面白い」と好評だった。

社会科研究部では特に決まった指導案の形式もないので、すべてを一覧できる指導案をつくってみた。明日はこの指導案とコンテンツを使った模擬授業で検討していただこうと考えている。

トラブル続き　10・4

我が学級に可愛いKちゃんがいる。1・2年ではよくパニックを起こしていた。担任に手をつかまれ暴れていた。今年は私がこの子を担任している。

1学期の初め、とても暗い雰囲気。しかし、学期末は明るく元気になり、友達とも比較的うまくすごしていた。もう大丈夫かな、正直そう思った。

しかし、人生はそう甘くはない。2学期、運動会が終わった後から、大きな変化が訪れた。友達に様々なちょっかいが出る。注意されるとその子にちょっかいを出す。授業中も参加しない。

などなど、1学期の最後がうそのように（というかうそだった？）今は攻撃的でハイな状態だ。今日も朝からトラブル連発。原因を特定してみた。

友達関係。これがすべての要因。自分は嫌われている、こう思い込んでいる。

しかし、そう思い込むには理由がある。明日から様々に対応していこう。これこそ研究。記録を取りながら楽しく対応していく。

微差力？　10・7

机をこう置くと、机の広さがちょうど1平方mになるってご存知でしたか？　4年生の面積学習で量感などに使えるネタです。これも微差力？？？

「友だち」の道徳授業　10・8

Ｋちゃんは「みんなに嫌われている」と思っている。最近、ちょっかいを出してしまう子の共通点が分かった。学級のまじめな女の子で注意をすぐにＫちゃんにする子だ。

つまり、注意されることで「嫌われる」と思ってしまったり、自尊感情が低下したのだと考えられた。本人はどういう子が嫌われるのか分からない。自分がどんな行動をとることが友達から好かれるのか分からない。

そこで、次の授業をした。

「みんなが遊びたくないなあと思う友達はどんな子ですか」（個人名を書かないことを言った）。

多くの子が「そんな子いない」と言ったが、この授業はＫちゃんのための授業である。

「いないのはいいことだね。でもこんな子がいたら遊びたくないなあと想像してごらん」

こう言って書かせた。

その後、黒板に全員に書かせた。教師が端から読み上げていった。時々、

「ああ、こういうのは遊びたくないね」

とわざと言いながら読み上げた。

それぞれの意見を短いキーワードでまとめた（写真参照）。

次に、

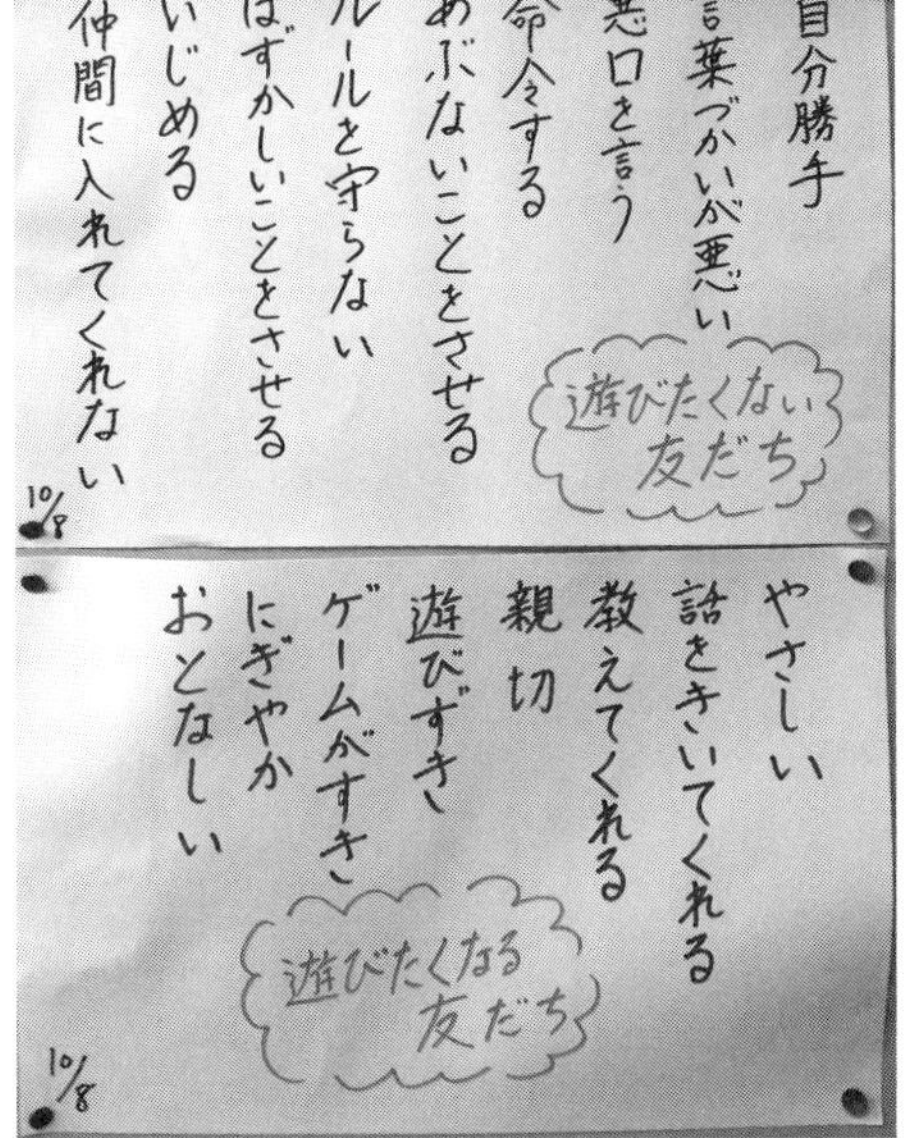

「では、みんなが遊びたくなる友達ってどんな友達か書いてください」

と言ってこれも書かせ、板書させた。同じくキーワードでまとめる。

最後に教師が話す。いろいろな友達と遊ぶことで成長する話。仲のいい子ばかりと遊んでいても成長しない。いろいろな子のよさを学べる。だから友達を広げることは大切なことだ。こんな話をした。私のそのような体験談も語った。

黒板のキーワードを画用紙に書いて教室に掲示した。Kちゃんのためにいつも見えるように貼ったのだ。

中休み、私とKちゃんで遊ぶ約束をしてあった。そこに多くの子が参加してきた。まずは成功。

河田先生のフォトコラージュ初挑戦！　10・9

画用紙を縦横２㎝切り落とし、色画用紙を台紙にする。

鉛筆をマジックでなぞる。

派手に仕上げる。

まずは写真を５枚選ばせる。できるだけ、河田実践を忠実に追試したつもりだが、まだまだ我流。

子どもたちは実に楽しくつくっていた。３年生のスーパー見学後のまとめとして実践した。

フォトコラージュ２　10・12

もう少しご紹介します。やんちゃも熱中でした！

話す・聞くスキル効果　10・15

今日の研究授業での話題の1つに、〝子どもたちの声の大きさ〟が出た。

「どうしてあんなに全員が大きな声で話せるのですか？」

「私の学級は声が小さくて、話し合いをしても聞こえないんです」

これはまさに「話す・聞くスキル」効果である。朝の会、国語の時間、1日2回声を出している。河田式でだ。使い倒す。

4月当初、なかなか声が上がらず、正直、3年生には難しいのかなと思ったりもしたが、いい声が出るようになってきた。今日の授業でも子どもの声の大きさが指摘された。やはり、子どもは毎日やっていることだけ力がつくのである。明日、子どもにこのことを伝え、自信をさらにもたせよう。

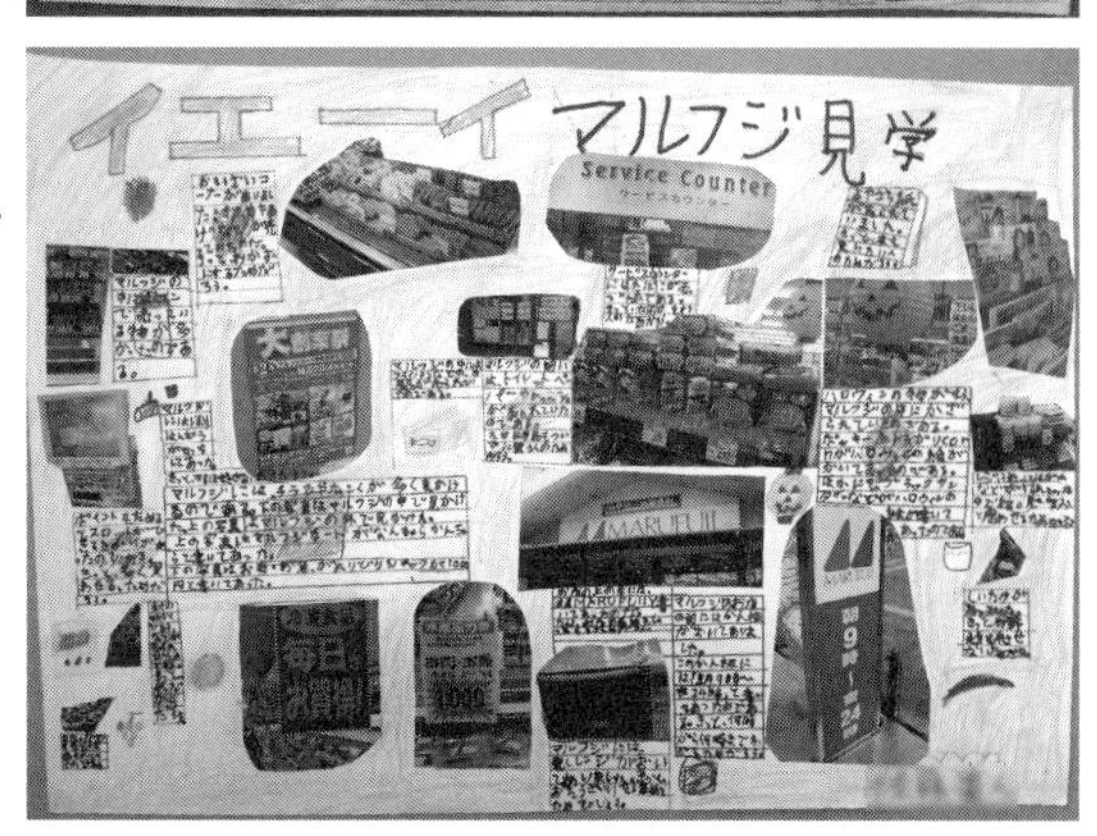

集合知効果　10・15

集合知の授業のことはダイアリーに何度も書いているが、何度も書きたくなる子どもの変化がある。今日の研究授業は意見が分かれなかったので討論できない状況になった。

そこで、質疑応答……集合知の形に話し合いさせた。すると、同じ仲間同士なのに討論になってしまった。要するに、その理由はおかしいでしょ、という仲間割れだ。集合知の授業をしているのに討論になってしまう場面が最近、増えてきた。じっと待っていた感じだ。やっとだ。

今日の参観者は子どもの討論を見て驚いていた。3年生であれだけ意見が言えるのはどうしてか？

答えは簡単。〝集合知〟である。河田先生実践である。

最近子どもに問うことがある。

「今日の授業で書くのは質問？（集合知）それとも、反対意見？（討論）」

子どもは分かってきた。

「今日は質問だな」なんて言うようになった。

●集合知では質問が中心

●討論では反対意見が中心

これが分かってきた。

私の学級で討論らしきことができるのは集合知の授業のおかげなのである。とは言え、まだまだの討論。さらに介入し鍛えていく。

Kちゃん、穏やかモード　10・16

最近、攻撃的でハイだったKちゃん。友だちとトラブルが続いていた。トラブルになった子たちはみんな学級替えしてから一緒になった子たち。

昨年度まで同じ学級で2年間過ごしてきた子はKちゃんのことをよく理解しており、対応もそれなりにできている。

もう一方から来た子どもと衝突が始まったということだ。ある意味、トラブルを起こしあえる関係になったともいえる。1学期は様子見（？）段階だったのだろう。

そこで、1組のトラブルを起こしていた子どもたちに話をした。

①　世の中にはいろいろな子がいる。
②　Kちゃんは注意されるともっとやっちゃう性格。
③　Kちゃんの注意はしないでいい。先生が注意する。
④　ただし、Kちゃんのしていることで困ったことはそっと教えて。
⑤　Kちゃんがいいことした時もそっと教えて。
⑥　Kちゃんは自分が嫌われていると思っている。
⑦　注意されると「この子は私のことが嫌いなんだな」と思ってしまう。
⑧　注意しないでいろいろ楽しいことで声をかけてあげてね。

この話の通り、周りの子が動いてくれた。それから1週間。またKちゃんが穏やかになってきた。この指導がよかったのかどうかの判断は難しいが、とりあえず、安定感を取り戻せている。

日記の漢字使用率を上げる方法　10・16

日記に使われていた漢字の数を数えて日記に書き込む。そこに漢字をたくさん使った順に「順位」も書き込む。帰りの会で1位から返却する。

基準値を示す。

40個……3年生級、50個……4年生級

というように。

最初の日はいわゆる抜き打ちで教師が数えて日記に数を書く。

次の日からは自分で数えて書いて提出させる。抜き打ちの日の最高は70個程度だった。

今日は３日目。最高は３１５個使用!!　１００個でもベスト10に入れない。辞書で調べて漢字を増やす子も登場する。漢字使用の意識を高める指導でした。

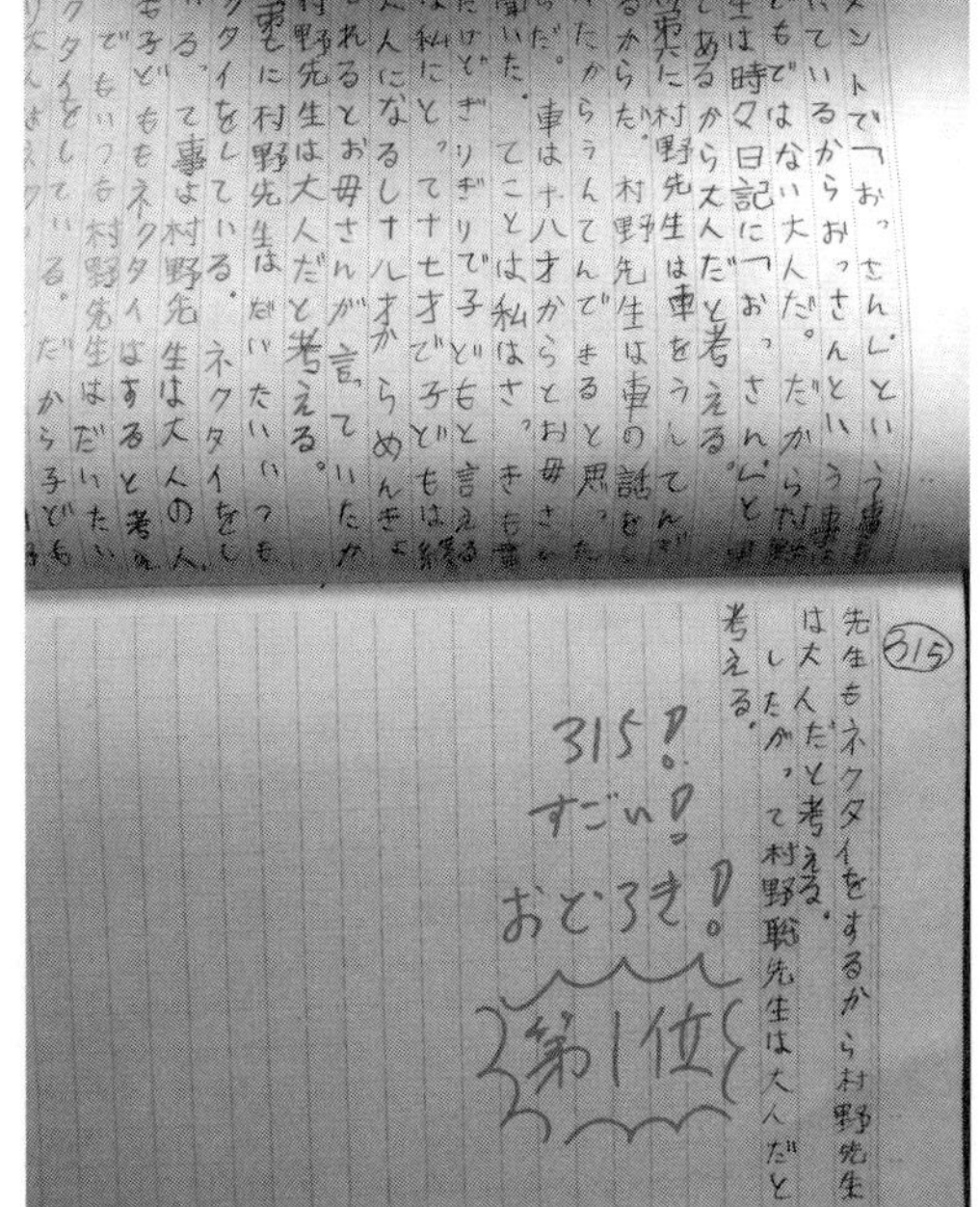

常体文マスター　10・16

日記の文体をずっと「常体」に指定してきた。ここで本当に全員が常体で日記が書けるようになった。１カ月以上かかった。

今では授業中のノートもすべて常体で書かせている。なかなか身に付かない子には帰りがけに「ワンポイント指導」を入れてから帰すのが効果的。１分程度の短い指導をするのだ。

子どもを早く帰さなければならないので、こちらも指導時間を一瞬にせざるを得ない。

たかが常体、されど常体。常体が書ける3年生、なかなかかっこいいものだ。

Kちゃんをめぐる女子　10・17

Kちゃんのことで学級の子どもたちは上手に対応してくれている。

今日は朝休みにKちゃんと一緒にほとんどの女子が「はないちもんめ」をした。嬉しかった。中休みには私もまじって「はないちもんめ」。たぶん、40年ぶりにやった。

3年女子の中に1人おっさんが混じったはないちもんめを他学年の子どもたちが楽しそうに（？）見ていた。何はともあれKちゃんの精神が安定してきたのが嬉しい。Kちゃんの優しい行動も出てきている。

Kちゃんへの担任の村野先生の対応が温かいので、周りの子どもたちが、優しいのだと思いました。私は頭で分かったつもりでも、村野先生のように対応できず、振り返るのですが、どこかで冷たかったのだと、今では、Kちゃんのような子を上手く育ててやれなかった苦い経験があります。

私も同様です。過去には懺悔の思いでいっぱいです。今、特別支援の実践のチャンスと思い、がんばっています。

日記・漢字使用５００越え　10・21

日記の漢字使用率アップを今は推進している。

今日はついに「５００」を突破する子が登場した。これまでずっと2位だった子が一気に記録を更新した。

まあ、あまり煽ってもいけないが、学級全体としても使用する漢字数が急上昇中だ。

3年生恐るべし！

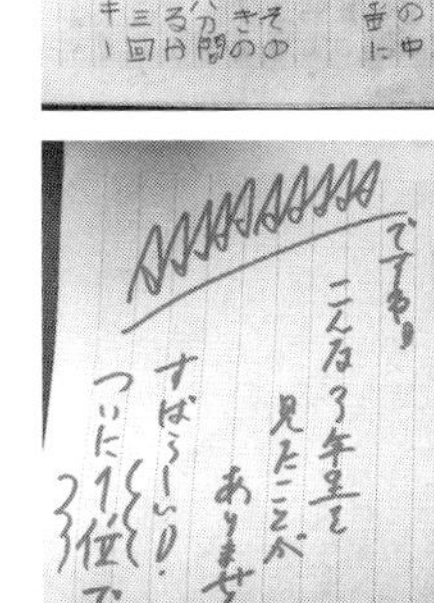

論理を教える　10・21

討論の授業はいくら話し合いの仕方を教えても、論理が鍛えられていないと盛り上がらない。論理を鍛えるのは論理的作文を書けるようにすればいい。

今日から3年生に「論理作文」を日記のテーマとして開始した。授業でまず教えた。例文を使って。

①　問いの文
②　自分の意見（結論）
③　証拠となる文の引用
④　証拠の文の中のどの言葉からそう言えるか解釈を書く
⑤　まとめの文

「ちいちゃんは男か女か」というテーマだ。簡単なものがいい（と言っても意外と証拠が少ない）。

まずは証拠になる文に線を引かせる。それから、上記の手順で書かせた。そして、今日の宿題のテーマは、「ちいちゃんは大人か子どもか」である。しばらく続けて「論理」を鍛える。

論理を教える　授業編　10・22

次の部分は視写させた。

ちいちゃんは男か女か。
私は女だと考える。

次に、ちいちゃんが女だと分かる文に線を引かせた。５カ所ぐらいある。１つ、例示し、続きに視写させた。

「今、線を引いた文を引用します」

第一に16ページに「ここがお兄ちゃんとあたしの部屋」と書いてある。

「この引用した文の中から、ちいちゃんが女だと分かる言葉をさらに引用します」

「あたし」と言う言い方はふつう、女性の使う言い方である。

この後の「第二」「第三」の部分は自分で書かせ、１つ書けたらもってこさせる。最後に、

「まとめの文を書きます。結論をもう一度書くのです」

と言って、まとめを書かせる。

このように、ちいちゃんは女なのである。

写真はそのときの子どものノート。この日から宿題でこのような作文を書かせた。その記録は次に。

論理を教える　宿題編　10・22

今日、初めて宿題で書いてきた子どもの作文。テーマを与えただけだ。「ちいちゃんは大人か子どもか」がテーマだ。みんなよく書けていてびっくりした。

明日の宿題テーマは、「お父さんは生きているのか死んでいるのか」。

今後、「季節はいつか」などもやっていく。子どもが喜んで書いてくる。

帰りの会の感想発表　10・22

1日の終わりは「今日の感想発表」（指名なし）を恒例としている。帰りということもあり、スピードを指導している。

ここしばらく、26人が指名なし発表を終えるのにおよそ

3分5秒だ。1人当たりおよそ7秒。

また、声の大きさも「聞く・話すスキル」効果で高まった。

討論の基本「つなげる」指導もしている。話題を変えたい子は「話題を変えていいですか?」と言うことになっている。

指名なし発表で立ちすぎ禁止の指導もここでしている。

わずか3分だが、討論指導の極めて重要な時間になっている。

漢字テスト全員満点達成!!　10・23

ついにこの日が来た。全員が漢字スキルのテストで満点！　石坂先生のおかげである。ありがとうございます！

石坂実践が公開されていてよかった！　実はこの年まで私も達成したことがなかった。執念。しつこさ。

やはり、教師の気持ち次第なんだ。子どもも大喜び。学級が一体感に包まれた。

見事に映像の記録にも成功した。がんばった子どもたちに拍手だ。

今日は忘れられない日になった。これで6回の漢字テストが終わった。連続満点を目指す！

向山型作文指導　10・26

向山型作文指導についてまとめる機会をいただき、原稿を書いている。

それにしても向山型作文指導とは本当にすごい実践だ。

日本の作文教育は長い歴史の中で「書き方」を教えることが中心ではなくなってしまったわけだ。書き方ではなく、書くことを通して（手段として）心の成長をねらっていたのだ。

先日のオータムライブでもQ＆Aで作文に評定すると驚かれるというような話があったが、今でも根強く残っているのだ。

向山型作文指導は「書き方」を明確に教えている。しかも、（ここが最もすごいのだが）子どもが熱狂状態になる中で、作文技術を習得していくのだ。

向山先生以外にも「書き方」を志向した教師はいた。しかし、向山実践のような子どもが熱狂した状態になる実践は一つもないだろう。

「長く書く授業」「教室の窓から……」「書き出し指導」

まさに圧倒的である。

早速、竹岡実践の追試　10・28

竹岡学級の作文は凄まじい。今日はずっと読み込んでいた。

「いい日記は印刷して配る」

この指導法は知っている。知っていたがほとんどしていない。

竹岡先生は、「時間をかけただけの効果がある方法」と言う。

これまでやらなかった自分はこの指導法の「よさ」を実感していなかったからやらなかったのだろう。そこで、今日はすぐに追試した。

時を同じくして、今日の日記をかなり頑張った子が出た。９ページを使って、漢字７８０個使用してきた。これを早速縮小コピーし、Ｂ４で印刷して子どもに配布した。驚きの声が出ていた。

これでさらに子どもの日記に火がつくことを期待する。竹岡先生は毎週このような実践をするという。私もしばらく続けてみる。

教師修業は刺激的な人をみつけること　10・28

この年になると、これまでの自分の実践の中でことを処理しようとする傾向が強まる。老化である。

私も新型学級崩壊の荒れに苦しんだ頃、まったくそのような状態であったことにいまさら気づく。必然の荒れであったのだ。

その後、河田実践に触れ、自分の実践が大きく変化した。昨年の夏である。

11/4 四小へ集会の感想

私は今日の四小へ集会入れ合い祭りで楽しかった事や嬉しかった事などがたくさんあるのだ。

第一にまず前半の店番の方の事だ。お店が初まってまず一番最初来てくれたお客は四年生くらいの男の子だった。私はお客様が一人来ただけで緊張してしまった。私は去年まで二年生で前半も後半もどっちもお客様の方だ。だから緊張してしまったのだ。その一番最初に来てくれた男の子の次にまた男の子が来てくれた。それど一番最初に来た男の子はたしかあたらなかったと思う。それで私はスイカ分りの右左に言う人は莉央ちゃんの方がたくさんの人があたっていたと思う。そしてぞくぞくとお客様が来てイスに全部座るくらいお客様が来てくれたのだ。そして中にはりさちゃんや結いちゃんとかが来てくれた。それでだんだんお客様が来てくれる内に最初にあった緊張も全部無かった。それと反対に緊張より早くやろうと言う気持ちがあった。これが一つ目の理由でやっていると緊張など無くなって早くやろうと言う気持ちになるのが分かった。

第二に一回だけすごく人が来た時があった。もう前半は半分終わっていてその時に一年生の男の子の団体が来たのだ。その一年生の男の子の団体は男の子が七人くらいは来たと思う。そしてその後に二年生か四年生が来てもう早くしないと前半が終わりそうなくらいだった。でも二つのグループに分けてやったから一人二分くらいで終わったと思う。でその一年生の男の子団体が行って終わった!と思ったらまたぞくぞくと人が来たりして休憩などするひまも無かった。それが二つ目の理由で休憩などするひまも無くお客様がたくさん来た。

第三にまた前に戻るけど一番最初に来てくれたお客様の男の子は三年一組を除いて村野聡先生がお客様だと気づいて

「いらっしゃいませ」

と言った。私は村野先生が拍手でドアの方に近づいて行ったので私は拍手でまっていた。そして次々にお客様が来て五年生か六年生のどちらかどっちもたぶんまざっている団体が来て村野先生はその団体の中の一人の男の子を見て拍手をした。私は村野先生がずっと拍手しつづけるので見ていたら

「三年一組の班長の人」

と村野先生が言っていたので面白かった。それで今日の村野先生はみんなを拍手で向かえてとくに団体で来てくれてお客様は村野先生は拍手でお向かえしてくれた。私とか莉央ちゃんも村野先生が拍手で向かえるとすぐ気づくから村野先生は良い合ずになってくれたと思う。しかし拍手で向かえるとお客様もここのお店は新切だなとか思ってくれるから今日の四小へ集会入れ合い祭りのスイカ分りの店番の時村野先生はすごく活躍していたと思う。

第四に私は右左に言う係と目かくしをする係なんだけど目かくしの方はまんが見えているか見えていないとか分かる。それに私が目かくしをしてそのしている本人は目が痛いとか痛く無いとかが分かる。だから目かくし係と言うのは人の気持ちがなんとなく分かる人とかが今日の右左していて分かった。それで右左でこれぐらいだったら痛いとか痛く無いとか分かったら一回で目かくしが出来てどんどんお客様が待たないですぐ出来る。だから今日目かくしがもっとパッパッと出来たら良いなと店番で目かくしをしている時に思った。

右左に言うのは目かくしをしている人が私の言う事を聞いてたたくんだけどみんなだいたいの子がたたく時ん真っすぐふりおろせないからみんなボールのすぐ横で失たいしてしまう。だから右左に言うのはちゃんと計算みたいに頭の中で言っておいてと言う人は目かくしをしている人は真っすぐでも横でもどちらでも当たると思う。だから右左を言う人はそうとう練習しないとボールに当たらないと思う。だから今日の四小へ集会入れ合い祭で右左を言うのはすごく難しいのが分かった。

第五に次はお店を回る方で本当は結いちゃんと行きたかったんだけど前半と後半に分かれちゃって一緒に行けなかったのだ。それで一緒に回ったのは莉央ちゃんとえ理ちゃんで一緒に回った。一番最初に行った所は三年一組のスイカ分り。やっぱりスイカ分りで目かくしをすると怖かった。それでやってボールには当たらなかったけど楽しかった。次に行った所は三年一組音あてゲーム。音あての良い所は三つの中のどれですかとせんたくで選ぶのが良い所だなとかったのだ。次に行ったお店はすごく工夫しているなと思った。工夫①ははんこが選べる。紙にははんこがやってあって、どれか良いか選べるのがとても工夫しているなと思った。だって中なかこの中のどれがいいと聞くのはあまり無いからはんこが選べるのは工夫だと思う。工夫②は町田耀君がボーリングで五十点とか取ると

「ナイス」

と声かけをしてくれる。そう言う事をすると嬉しくなるから町田耀君の声かけはとても良いなと私は思った。そして耀君は面白く言うからさらに楽しめた気がするくらいでとても楽しかった。次に行ったお店は三年二組のブラックボックス。このお店も工夫している事があった。それははんこを三年生とか二年生とかはんこを分けているのだ。どうして分かったかと言うとスタンプをおしてくれたのがのえるちゃんで私の番になったら

「三年生だからこれ」

と言っていたから学年事にスタンプを分けていると言うのが良い所の工夫だと考える。次行ったお店は四年二組の四笑祭。まず教室に入ってスタンプをおしてもらってスタンプをおしてもらった男の子に

「おみくじ引いて」

と言われておみくじを引いた。出たのは中きちで次の所に行って今度は「ゴムを持ったお姉さんに

「何きちだった」

と聞かれたので私は

「中きち」

と言った。そしたらそのお姉さんはゴムを二本くれた。そしてそのゴムを射的に使うんだけどその射的が新聞しを丸めて新聞しの先にクリップをつけてそのクリップの所にゴムを引っかける。その私は射的はわりばしで作っていると思っていたからこれはいいなと思った。次は六年生のげきで「浦島太郎」を見に行った。浦島太郎はおとひめが林村みゆちゃんで見に行ったのだ。特に面白かったのは浦島太郎がりゅうぐうじょうに来てみんなでダンスをやっていたのが面白かった。それが終わって次はどこに行こうと思っていたら山田こうかちゃんが

「五一ステーションやってるから来てね。」

と言ったので私は行く事にした。それでスタンプをおしてもらってグデムとかももらったからこんな工夫はまねっこしたいくらい良かった。次行った所は「二の人をさがせ」で

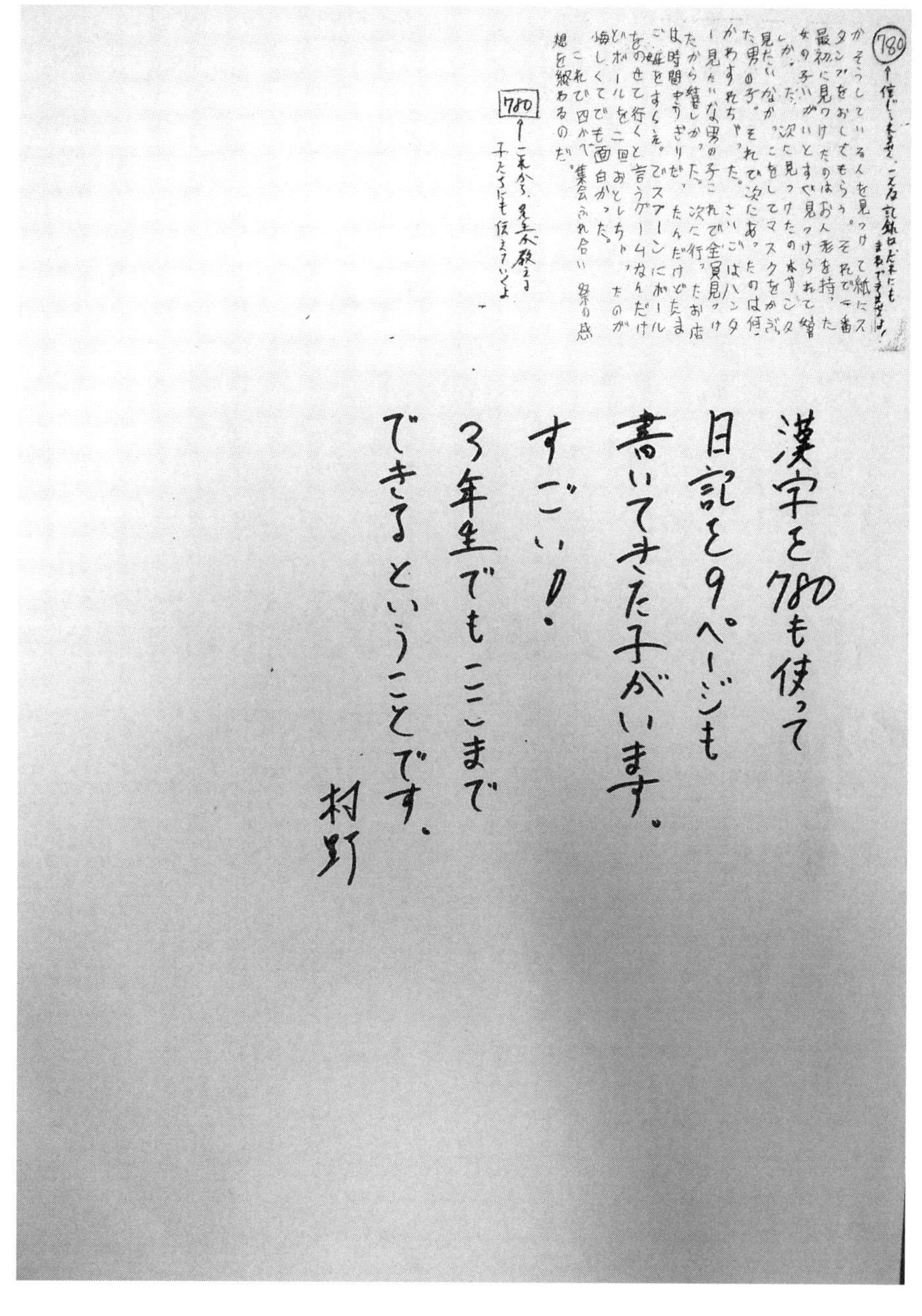

780

↑信じられません、こんな記録はだれにもまねできません！

かそうしている人を見つけて紙にス
タンプをおしてもらう。それで一番
最初に見つけたのはお人形を持った
女の子いがいとすぐ見つけられて嬉
しかった。次に見つけたのはすごく
見たいなかこをしてマスクをかぶっ
た男の子。それで次にあったのは何
かわすれちゃった。さいごはハンタ
ー見たいな男の子これで全員見つけ
たから嬉しかった。次に行ったお店
は時間ぎりぎりだったんだけどたま
ご姫をすらえ。でスプーンにボール
をのせて行くと言うゲームなんだけ
どボールを二回おとしちゃったのが
悔しくてでも面白かった。
これで四かで集会ふれ合い祭の感
想を終わるのだ。

780

↑これから、先生が教える子どもたちにも伝えていくよ

漢字を780も使って
日記を9ページも
書いてきた子がいます。
すごい！
3年生でもここまで
できるということです。
村野

そして今年の夏は石坂実践が私の学級を変えている。

昨日のサークルでは竹岡実践が私に大いなる刺激を与えてくれた。今日の自分は昨日までとは違った。

鈴木恒太先生のサークル入りも「かなり」刺激的である。教師修業を続けていくための秘策は、刺激的な教師やその実践に触れることであると最近実感している。

50を過ぎてからでも、こうして成長が実感できることが嬉しい。

学び続ける教師だけが子どもの前に立てる、まったくその通りだ。

学び続ける。

友達の日記への感想　10・29

9ページ、漢字780個書いた子への感想が、日記のテーマだった。

今日も竹岡先生の追試で印刷して配った。

分析のいい子の日記だ。効果的。


私も今日の宿題から「漢字の使用回数」を記入させることにしました。

それにしても3年生の事実がすごいです。刺激になります！


竹岡先生、ありがとうございます。友達の日記を読んでこんなに子ども同士が刺激し合うとは思いませんでした。これまでこの方法を取らなかったことを悔やみます。

長い1年間の日記指導、様々な形で子どもに刺激を与え続ける必要がありますね。明日は日記を評定すると予告しておきました。

漢字使用率は半分以上の子が100を突破しています。効果的でした。

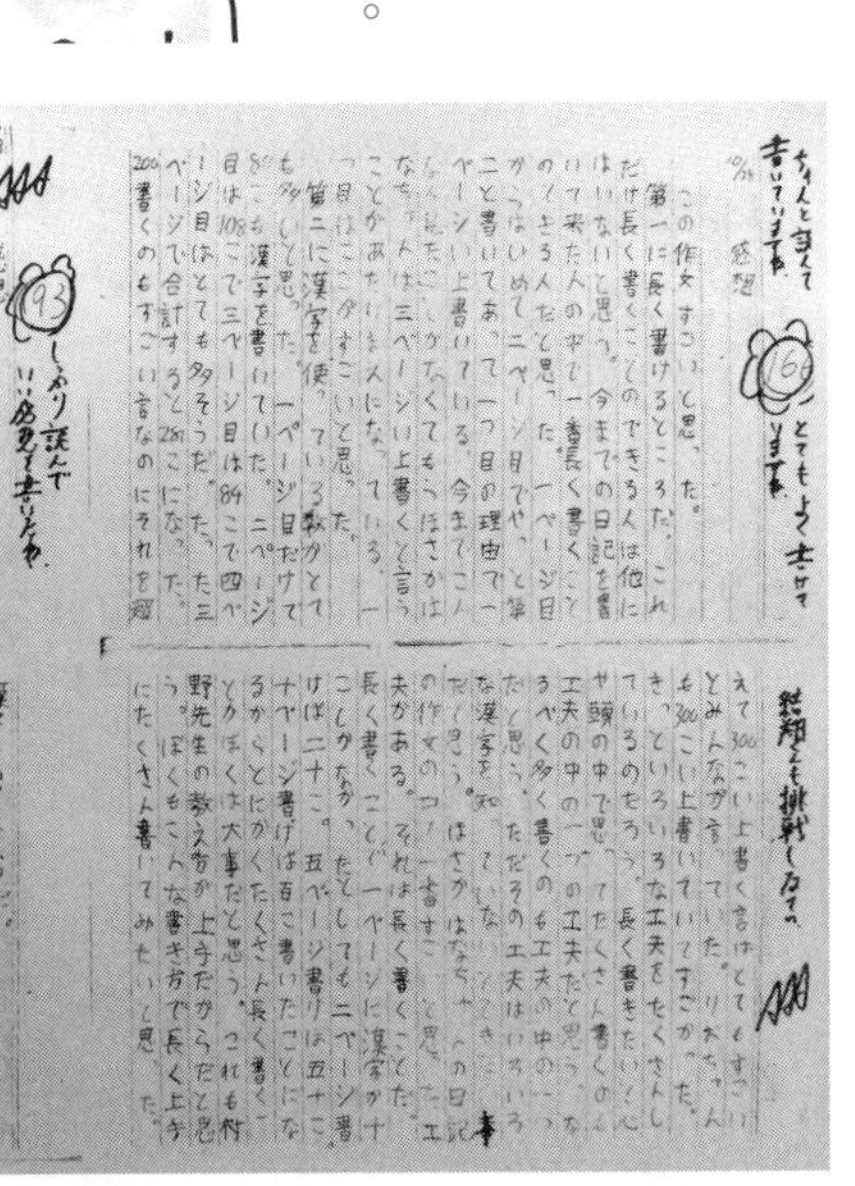

竹岡先生をお招きしての校内研　10・29

協議会終了後、多くの先生方から、
「面白かった」
「眠くならなかった」
「あんな先生になりたい」
という声が出ていた。

校長先生も「本当に面白かった」と。

授業の代案にみんな頷いた。本校のテーマに沿った模擬授業もしてくださった。私もあんなに楽しい研究協議会は初めてだったかもしれない。

その後、授業者慰労会。竹岡先生と3次会まで飲んだ。私も調子に乗りすぎたかも？

翌日、出勤しても、竹岡先生の話が出るほど。

竹岡先生、ありがとうございました。

次回校内研は桜木先生をお呼びしての社会科授業だ。こちらも楽しみ！

ちいちゃん日記シリーズ　10・30

「ちいちゃんのかげおくり」をテーマにした日記をずっと書かせてきた。

ちいちゃんは男か女か
ちいちゃんは大人か子どもか

学校には村野先生がいらっしゃって、校内研で、竹岡先生がいらっしゃって、すごくうらやましい学校ですね。私はそこの職員になりたいです。

桜木先生もいらっしゃるなんて‼

村野先生ありがとうございました。

私自身が勉強させていただきました。村野先生の職場の雰囲気があたたかいです。校内での村野先生は、サークルやセミナーでの村野先生と全く同じでした。

だからこそ、あのような雰囲気で研修ができるのですね。

驚いたのが研究授業後の協議会。授業者に対して「おつかれさまでした」と前置きしたあとはすぐに、内容について突っ込んだ話題が出されました。

また、テーブルごとに話し合うことを事前にポストイットにコメントを書いておき印刷配付するスピード術。

協議会が終わってすぐに出される研究通信、驚きの連続でした。

懇親会ではたくさんご馳走になりました。ありがとうございます。

3次会は村野先生を独占。さすがに、へべれけになってしまいご迷惑をおかけしました（嫌がられたらごめんなさい）。

貴重な体験をさせてくださり本当にありがとうござました。

異動して同じ職場で働きたい！　って思える職場です。

私の職場も好きですが、それ以上でした！

ちいちゃんのお父さんは生きているのか
ちいちゃんが7月1日に逃げたとしたら死んだのはいつか
ちいちゃんの家族は何人家族か
ちいちゃんの死因は何か

これは「授業」ではなく、日記のテーマだ。読む人が読んだら怒られそうなテーマではあるが、子どもに論理的思考をさせるにはたいへん面白かった。

今日は自分でテーマを設定した子が出た。

「ちいちゃんが死んだのは、朝・昼・夜のいつか」

まあ、簡単なテーマだが、自分で考えてきて書いてきたところがすごい。学級のほぼ全員がこのように書いてくる。これからの授業ではテーマを与えたらある程度、自分の考えをノートに論理的に書けそうだ。様々構想が広がる。

今日は市内小学校の研究発表会があった。クリティカルシンキングの授業がテーマ。

公開授業を見ていても、研究発表を聞いていても、欠けている大きな点があった。それは「書くことによる論理の鍛え」だった。いくら、話し合いの場を与えても、それを支える書く力、論理的思考が鍛えられなければ、結局は上辺だけの授業になってしまう。そんなことを感じた。


「ちいちゃんはなぜ死んだか?」

ちいちゃんはなぜ死んだか?

ぼくはうえ死にだと考える。

第一に理由に「ひどくのどがかわいています。」と書いてある。

のどがかわいているという事は、はらがへっているという事なのでうえ死にしたと考える。

第二に理由に「ちいちゃんはざつのうのなかのほしいいを、また少しかじりました。」と書いてある。

「ほしいい」とはごはんをかんそうした食べ物だから、水分がたりなくなり、死んだのだと考える。後、「また」と書いてある。

「また」というのは、何回の上何かしたという事だから、何回か食べただけではうえてしまうからだ。それに「少しかじりました」と書いてある。「少しかじ」っただけじゃはらがへる。


「ちいちゃんが死んだのは、朝、昼、夜いつか?」

ちいちゃんが死んだのは、朝・昼・夜のいつか?

ぼくは朝だと考える。

第一に理由は「夏のはじめのある朝、こうして、小さな女の子の命が、空にきえました。」と書いてある。

「命が空にきえ」たという事は死んだという事で、「ある朝」と書いてあるから、死んだのは朝だと分かる。

第二に理由に「明るい光が顔に当たって、目がさめました。」と書いてある。

「目がさめ」るという事は起きるという事なので朝か昼かどっちかという事が分かる。「明るい光」と言うと、朝の方が明るいので、この言葉で死んだのは朝だという事が分かる。

このように、ちいちゃんが死んだのは、朝だという事が分かったのだ。

自分で!! スゴッ!

11月　日記になんと18ページ！　学級全員の良いところ紹介説明文

尊い　11・4

たいへんな学級を担任している先生は本当に尊いと思う。落ち着いた学級の担任ならしなくていい苦労がたくさんある。

しかし、たいへんな子どもも大切な大切な日本の将来を支える教え子だ。そういう子どもと日々格闘し、ボロボロになり、向かい合っていく。尊いとしか言いようがない。私も数年前にたいへんな学級をもった。だから本当にそう思う。そんな子どもの前に立っているだけで尊いのだ。


同感です。

私も数年前に学級崩壊をしたクラスを7月からもちました。人には言えぬ苦労もありました。また職員室の同僚には、陰口を叩く人もいました。

担任の指導が悪いからと言う人もいました。でも、担任である以上、卒業まで頑張りました。そのときに、一緒に頑張った同僚とは、今でも、なんでも話せる仲です。

でも、そんな経験があるからこそ、担任の先生たちの苦労もわかります。一番大変なクラスをもった人に対しては、みんなでしっかりと協力をするべきだと思います。


学年が仲良しで救われました。お互いに「戦友」と呼び合っています。

一方で陰口、表口を叩く人もいました。

しかし、その経験は私にとって財産です。通過して良かったと思っています。もういいですが……。


同感です。

新型学級崩壊の要素を多分に含んだ学級を担任したとき、低学年であってもそこに対峙するエネルギーは並々ならぬものがありました。

その学級、学年を受け持ち、初めて、子どもが学校に来るという当たり前のことが、どれだけ幸せなことかを痛感しました。そんな子どもの前に立っているだけで尊い。本当にそう思います。

本当にそう思います。しかし、それを口ではっきり言われる先生には、出会ったことがほとんどないです。それを言っていただける村野先生を尊敬します。

３年生の書いた説明文　11・13

授業で説明文の型を教え、その型を使った作文を習熟のため毎日宿題にしている。具体例の部分を少しでも詳しく書いた子の作文を高評定し、紹介していく。竹岡式に印刷して子どもに配る。そうすると波及効果が生まれる。

そして、また、他の子を紹介する。

また波及効果。

こうやってみんなが上手に説明文を書けるようになっていく。

ブレイクスルー①　11・18

３年生の４月。何事にも自信のない男の子、G君。

４月の頃は実にはっきりしない発声。作文も数行しか書けない。発表もしないし、自分の考えをノートに記すこともできなかった。ちょっとしたことが心配で1時間の授業で10回くらい個人的に聞きに来た。

ところが、2学期までには様々なことができるようになっていた。「話す・聞くスキル」効果でいい声が出るようになった。指名なし発表で自分から発表ができるようになった。自分の意見もノートに書けるようになった。

そして、今日。初めて、日記を3ページ書いてきた!!　説明文のアウトラインを教えた結果だ。今日の男子の日記の中で一番長く書いてきた。しかも、達意の文で書けるのである。大きな成長だ。

子どもの事実。向山先生のおっしゃる「子どもの事実」。これがなによりだ。

河田先生、石坂先生の実践に吸い込まれるのは「子どもの事実」が存在するからだ。そして、そのための道筋を明確に示されているからだ。私もそういう教師になりたい。

切り絵3行詩　11・19

こんなのができました。

圧倒的知力　11・19

昨日の校内研研究協議会終了直後の隣の先生の一言だ。

「圧倒的な知力ですね」

講師にお呼びした桜木先生への感想だ。

研究協議会では、職員から、「すご〜い！」「へえ〜！」の連発だった。

誰も居眠りすることなく、40分間、惹きつけられっぱなしであった。授業をほめていただき、さらに、代案を示してくださった。まさに、アクティブラーニングへの助言であった。

懇親会もギリギリまで青梅でお付き合いいただいた。本校職員は本当に素晴らしい時間を過ごすことができた。

それにしても、こうも講師によって、研究協議会が変わるのかと、驚いている。まさにセミナー級の学びの連続だった。

桜木先生、ありがとうございました。横浜でのセミナーでも報告してきました！

花丸コレクション①　11・20

算数の時間に子どもに書かせる私の花丸。毎回、様々に変化させる。子どもから評判だ。

ブレイクスルー②　11・20

ブレイクスルー！　前回ブレイクスルーした子の日記を子どもたちに紹介した。

すると、波及効果が出た！　やんちゃのM君。今日の宿題で「説明文」を7ページにわたって書いてきた！　これまでの最高は2ページ弱。ブレイクスルー！

印刷して配る時間がなかったのが惜しまれる！

花丸コレクション②　11・21

最近の花丸です。子どももアイディアをくれることがあります。

驚異の18ページ日記　11・25

今日、18ページにもわたる作文を書いてきた3年生が登場した。内容は「説明文」。学級のすべての友達のよいところを紹介した説明文だった。使用した漢字は1112個。これまでの3年生の記録を更新した（写真はその一部）。

帰りの会で一部を読み聞かせすると子どもたちは大喜び！　帰りには、書いてきた子のノートに多くの子が群がって見ていた。

内容的にも学級の友達のよさを書いているが本音の部分も見え隠れしていて、そこが一段と魅力的だ。

数名の子が、

「私も挑戦してみます」

と決意を語っていた。

これ以外にも、野鳥の説明文やゆるキャラ説明文など、自分で考えて書いてくる子もいたので紹介した。

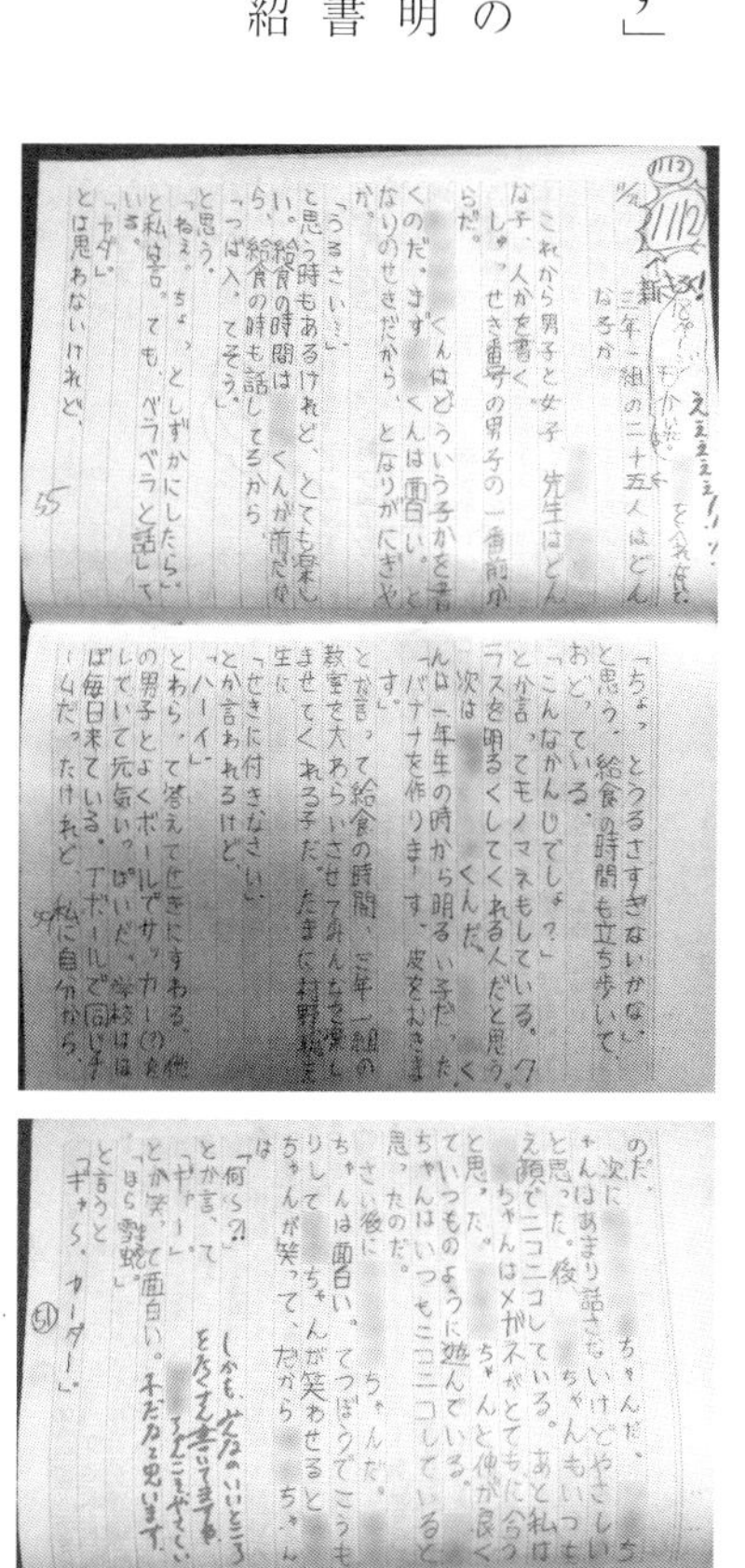

三年一組の二十五人はどんな子か

これから男子と女子、先生はどんな子、人かを書く。しゅっせき番号の男子の一番前からだ。

くんはどういう子かを言うと、くんは面白い。となりのせきだから、となりがにぎやかだ。

「うるさいよ」と思う時もあるけれど、とても楽しい。給食の時間はくんが前だから、給食の時も話してるから「つば入ってそう」と思う。

「ねえ、ちょっと、しずかにしたら」と私は言う。でも、ベラベラと話している。「ヤダ」とは思わないけれど、「ちょっとうるさすぎないかな」と思う。給食の時間も立ち歩いておどっている。「こんなかんじでしょ？」とか言ってモノマネもしている。クラスを明るくしてくれる人だと思う。

次はくんだ。くんは一年生の時から明るい子だった。「バナナを作ります。皮をむきます」とか言って給食の時間、三年一組の教室を大わらいさせてみんなを楽しませてくれる子だ。たまに村野先生に「せきに付きなさい」とか言われるけど、「ハーイ」とわらって答えてせきにすわる。他の男子とよくボールでサッカー(?)をしていて元気いっぱいだ。学校はほぼ毎日来ている。ドッジボールで同じチームだったけれど、私に自分から

のだ。

次にちゃんだ。ちゃんはあまり話さないけどやさしいと思った。後ちゃんもいつも笑顔でニコニコしている。あと私はちゃんはメガネがとても似合うと思った。ちゃんと仲が良くていつものように遊んでいる。ちゃんはいつもニコニコしていると思ったのだ。

さい後にちゃんだ。ちゃんは面白い。てつぼうでこうもりしてちゃんが笑わせるとちゃんが笑って、だからちゃんは「何らっ！」とか言って「ヤッホー」とか笑って面白い。「ほら野蛇」と言うと「ゴギャら、ガーダー」

しかも、友達のいいところをたくさん書いてます。すごくやさしい子だなと思います。

とか言って面白いのだ。これでおわる。

すごすぎます！　こんなすごい日記を先生は人生初めて見ました！　さんの漢字の量も1000をこえました！　もうだれにもやぶることはないのだろうと思います。先生もとってもうれしいです！　本当によくがんばったね。

1時間の授業の密度　11・27

今日は市内の研究発表会があって参加した。1～6年生まですべての授業を参観した。

感じたのは、1時間の授業の密度について。同じ45分間であっても、その中身の濃さはまるで違う。TOSS型授業は中身が濃い。エスプレッソコーヒーのような。

今日見た授業は本当にの～んびりしている。アメリカンコーヒーの水割り。

それほどの違いがある。

エスプレッソコーヒーのような授業を見ないことには、自分の授業がアメリカンコーヒーの水割りであることに一生気がつかないだろう。

子どもの力に大きな差が生まれるのは必然となる。

「三年とうげ」の指導計画①　11・28

教科書では「三年とうげ」の学習後、民話の構成（組み立て）を押さえるようになっている。

そしてその後、「物語を書く」学習に入る。つまり、「民話の構成」で「物語を書く」活動にしていけばいい。

そこで、次のように計画した。

① 「三年とうげ」のあらすじを書くことを伝える。
② 物語を7つの場面に区切り、それぞれの場面から1文を抜き出す。要するに7文抜き出す。
③ 抜き出した7文を続けて読ませ、あらすじになっていればよい。
④ いくつかの場面では代名詞を書き変える必要がある。その作業を行い、7文のあらすじを完成させる。
⑤ 7文のあらすじをパロディ化し、新しい7文の物語をつくる。
⑥ 7文物語に細かいストーリーを書き加えていき、物語を「厚く」させる。

つまり、「三年とうげ」の骨格のみにリライトし、そのリライトされた「あらすじ」をまねたストーリーを創作し、肉付けしていくということだ。面白そう。

追記

この7文がトピックセンテンスとなる。それぞれの文の後に物語を付け加え「厚く」していけばよい。

「三年とうげ」の指導計画②　11・30

「三年とうげ」について詳しく計画を立ててみた。7文作文ではなく8文作文になった。

① あるところに、三年とうげとよばれるとうげがありました。
② 三年とうげには、昔から、こんな言いつたえがありました。
③ 1人のおじいさんが、となり村へ、反物を売りに行きました。
④ あんなに気をつけて歩いていたのに、おじいさんは、石につまずいて転んでしまいました。
⑤ その日から、おじいさんは、ごはんも食べずに、ふとんにもぐりこみ、とうとう病気になってしまいました。
⑥ そんなある日のこと、水車屋のトルトリが、みまいに来ました。
⑦ そして、ふとんからはね起きると、三年とうげに行き、わざとひっくり返り、転びました。
⑧ こうして、おじいさんは、すっかり元気になり、おばあさんと二人なかよく、幸せに、長生きしたということです。

しかし、これではいくつか重要なことが入らないので子どもに考えさせる（②と⑥）。

②は例えば、

② 三年とうげには、昔から、「三年とうげで転んだならば、三年しか生きられぬ」という言いつたえがありました。

とする。また、⑥は、

⑥ そんなある日のこと、水車屋のトルトリが、みまいに来て、「一度転ぶと、三年生きるなら、何度も、転べば、うんと長生きできるはずだよ」と言いました。

となる。並べなおす。

① あるところに、三年とうげとよばれるとうげがありました。
② 三年とうげには、昔から、「三年とうげで転んだならば、三年しか生きられぬ」という言いつたえがありました。

③　1人のおじいさんが、となり村へ、反物を売りに行きました。
④　気をつけて歩いていたのに、おじいさんは、石につまずいて転んでしまいました。
⑤　その日から、おじいさんは、ごはんも食べずに、ふとんにもぐりこみ、とうとう病気になってしまいました。
⑥　そんなある日のこと、水車屋のトルトリが、みまいに来て、「一度転ぶと、三年生きるなら、何度も、転べば、うんと長生きできるはずだよ」と言いました。
⑦　そして、ふとんからはね起きると、三年とうげに行き、わざとひっくり返り、転びました。
⑧　こうして、おじいさんは、すっかり元気になり、おばあさんと二人なかよく、幸せに、長生きしたということです。
次にこの「8文あらすじ」を真似た別の物語を考えさせる。
例えば、
①　あるところに、お笑い公園とよばれる公園がありました。
②　お笑い公園には、昔から、「お笑い公園で笑ったならば、毎月100円しかもうからない」という言いつたえがありました。
③　1人のおじさんが、きんじょへ、買い物に行きました。
④　気をつけて歩いていたのに、おじさんは、お笑い公園で笑ってしまいました。
⑤　その日から、おじさんは、ごはんも食べずに、ふとんにもぐりこみ、とうとう病気になってしまいました。
⑥　そんなある日のこと、水車屋のトルトリが、みまいに来て、「一度笑うと、100円もうかるなら、何度も、笑えば、ううんとお金持ちになれるはずだよ」と言いました。
⑦　そして、ふとんからはね起きると、お笑い公園に行き、わざと大笑いしました。
⑧　こうして、おじさんは、すっかりお金持ちになり、おばさんと二人なかよく、幸せに、くらしたということです。
これができたら、この8文に肉付けをして長編にしていく。難しいかなあ???

12月　今年もやりました！　大掃除ビンゴ

模擬授業の成果　12・9

小学校の授業時間は45分。模擬授業は数分。

当初、数分の授業の研究が果たして45分の授業に役立つのだろうかと一瞬思った。しかし、これがたいへん役に立つのである。

①　日常の授業の密度が濃くなった。

1時間の授業が濃くなった。次々とテンポよくできれば同じ45分間であっても密度が違う。授業が濃くなる。1年間での差は膨大だ。

②　授業を短いパーツで扱えるようになった。

漢字指導、音読指導、辞書引き指導、ローマ字指導……。こういった内容を1時間の中に日常的に実施している。教科書の内容を扱うのは実質30分程度になる。模擬授業で短い時間でも授業できるようになったので30分なりにできるようになった。

③　本質をつかむ力がつく。

TOSSでは様々なセミナーでの発表時間も短い。数分だ。そこに自分が伝えたいものをどう入れるか、いつも考えている。

削るしかない。削って削って、大吟醸のような授業・講座ができる（こともある）。この削る作業の中から本質をつかむ力がついていくと思うのだ。

このような教師修業の方法論を生み出した向山先生は本当にすごいのだなと思う。

ゲストティーチャーの話にメモ　12・9

3年生の「農家の仕事」の学習でゲストティーチャーに地元の農家の方をお呼びした。昨年度もお願いした方でまだ35

歳という若さで有機農業を行っている。志も高く、話も上手。教師向きの方だ。

集合知のメモ取りで鍛えた子どもたち。ずっとメモを取っていた。

まだ、全部のノートをチェックしていないが、6ページ以上書いた子もいたもよう。普段の社会科では見開き2ページがノルマになっている。メモ力もだいぶついたようだ。

道徳の討論　12・9

今日の道徳の討論も子どもたちが自分たちで仕切ってできた。これはどうやら「まぐれ」ではなさそうだ。

そろそろ、討論・集合知を含め、100回ほど実施した頃だろうから、こうやって成果が見えてきたのだろう。

今年も成果が出てきたということは、やはり討論の授業も100回やらないと身に付かないということだ。今日の授業後の個別評定はちょっと変えてみた。

「今日の最優秀選手を発表します」

「次に優秀賞を発表します」

こう言って、最優秀賞の子を数名発表した。

「AAAをノートに書きなさい」

こんな感じでの個別評定だ。

これは友達の前で名前が呼ばれるよさがある。おそらく、次はさらに頑張るだろう。もちろん、発表時にはその理由も話す。面白くなってきた。

「三年とうげ」のパロディに熱狂中　12・12

以前ダイアリーに書いた「三年とうげ」の指導計画。あらすじを書いてパロディをつくる授業。どうなるかと思ったが、

結果は。

子どもたちが熱狂中

だ。微細技術はいずれ。

「三年とうげ」のパロディ　12・16

「三年とうげ」のあらすじはＰ１０３～１０４に示した通りだ。これを子どもがパロディにした。

五年トンネル

あるところに、五年トンネルというトンネルがありました。

五年トンネルには、昔から、「うしろを向くと五年しか生きられない」という言いつたえがありました。

一人の小さいおじさんが、となり村へ、タオルを売りに行きました。

あんなに気をつけて歩いていたのに、小さいおじさんは、石につまずいてうしろを向いてしまいました。

その日から、小さいおじさんは、ごはんも食べずに、ふとんにもぐりこみ、とうとう病気になってしまいました。

そんなある日のこと、自転車屋のほくほくが、みまいに来て、五年トンネルでもう一度うしろを向くんだよと教えてくれました。

そして、ふとんからはね起きると、五年トンネルに行き、わざとうしろを向きました。

こうして、小さいおじさんは、すっかり元気になり、小さいおばさんと二人なかよく、幸せに、長生きしたということです。

三年の木

あるところに、三年の木がある公園がありました。

三年の木には、昔から、「三年の木にさわったならば三年しか生きられない」という言いつたえがありました。

二人のむらの少年とジョニーデップがビールをかいに三年の木の公園をとおりました。

あんなに気をつけていたのに、むらのさとしだけが転んで手が三年の木にふれてしまいました。

その日から、むらのは、ごはんも食べずに、こたつにもぐりこみ、とうとう病気になってしまいました。

そんなある日のこと、カンフーのとくいなジャッキーチェンが、みまいに来て、「三年の木で木のぼりをするんだよ」と教えてくれました。

そして、ふとんからはね起きると、三人で三年の木がある公園に行き、むらのだけ楽しく木のぼりをしました。

こうして、むらのさとしは、すっかり元気になり、ジョニーデップとジャッキーチェンと、幸せに、長生きしたということです。


これらの「あらすじ」を今度は肉付けさせ、長編としていった。「三年とうげ」を参考に書かせるとよい。

「言いつたえ」と「筋の逆転」がポイントですね。それをお子さん方が興味をもって書いた大きな動機になっていると思いました。村野先生によって、よい教材だと再認識しました。

そうなんです。どんな言いつたえかを考える際、「逆転」のことを想定しないと書けません。だから多くの子は原作のその骨格を変えずにつくりました。低位の子もこれならつくれるわけです。

③二人の男の子けん君が一年すぎの近くで遊んでいました。
④あんなに気をつけて遊んでいたのにホールを一年すぎに当たってしまいました。
⑤その日からけん君はごはんを食べずにふとんにもぐりこみとうとう病気になってしまいました。
⑥そんなある日の事、友だちのゆみちゃんがみまいに来てもう一度一年すぎにさわるんだよと教えてくれました。
⑦そしてふとんからはね起きると、一年すぎに行き、わざと一年すぎをさわりまくりました。
⑧こうしてけん君はすっかり元気になりお母さんたと家族ぞくなかよく幸せにくらしました。

見たこと作文　12・16

見たこと作文の構成は以下のとおり。

① 何かを見て気がついたことを書く（3つくらい）。
② 何かを見て疑問に思ったことを書く（1つ）。
③ 疑問に対する自分の予想を書く。
④ 疑問について調べてわかったことを書く。

だんだん、長く書けるようになってきた。

日記で毎日書かせている。

3年生だ。

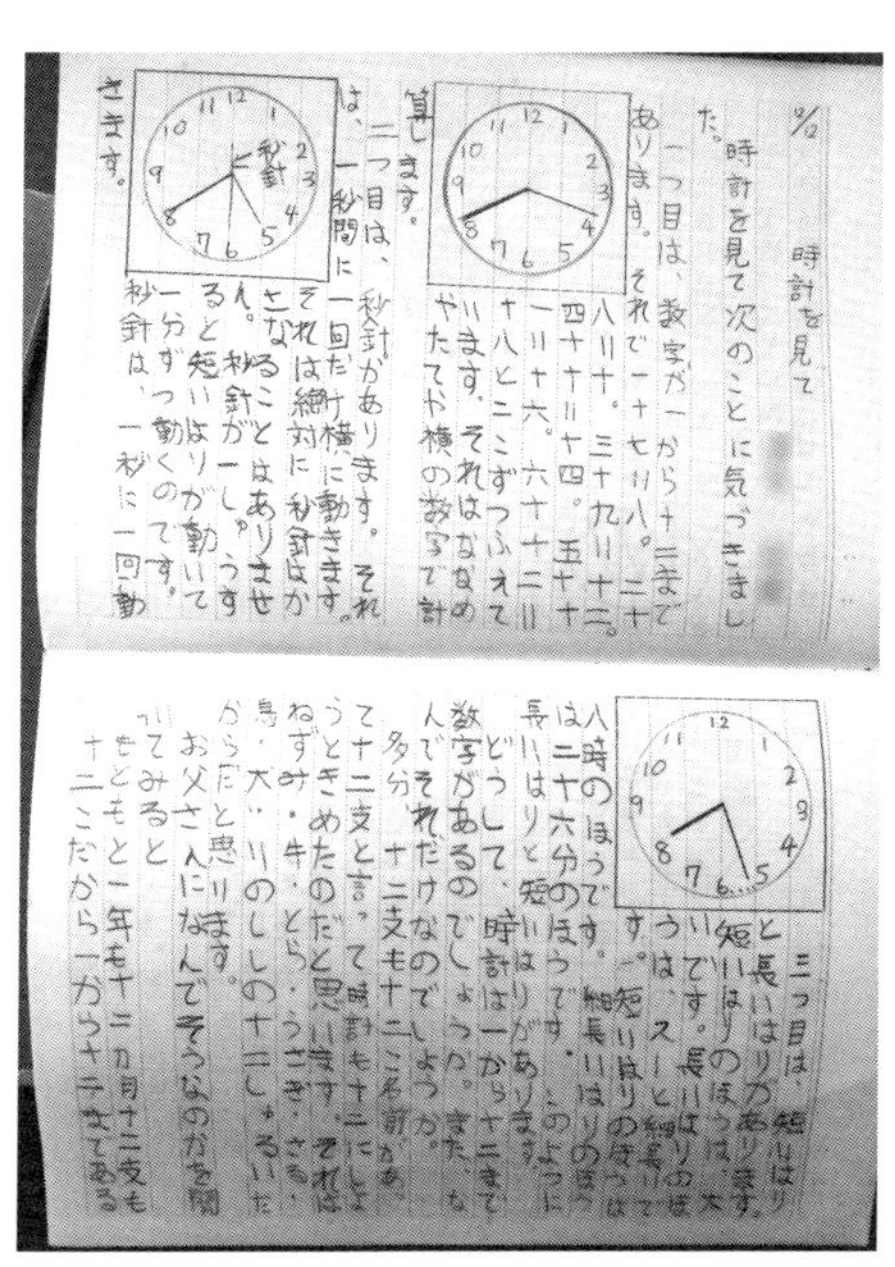

12/12　時計を見て

時計を見て次のことに気づきました。

一つ目は、数字が一から十二まであります。それで一＋七＝八。二＋八＝十。三＋九＝十二。四＋十＝十四。五＋十一＝十六。六＋十二＝十八と二ずつふえています。それはななめやたてや横の数字で計算します。

二つ目は、秒針があります。それは、一秒間に一回だけ横に動きます。それは絶対に秒針はかさなることはありません。秒針が一しゅうすると短いはりが動いて一分ずつ動くのです。秒針は、一秒に一回動きます。

三つ目は、短いはりと長いはりがあります。短いはりのほうは、太いです。長いはりのほうは、スーと細長いです。短いはりの方は八時のほうです。細長いはりのほうは二十六分のほうです。このように長いはりと短いはりがあります。

どうして、時計は一から十二まで数字があるのでしょうか。また、なんでそれだけなのでしょうか。

多分十二支も十二こ名前があって十二支と言って時計も十二にようときめたのだと思います。それはねずみ・牛・とら・うさぎ・さる・鳥・大い・りのししの十二しゅるいだからだと思います。

お父さんになんでそうなのかを聞いてみると

そもそも一年も十二カ月十二支も十二こだから一から十二まである

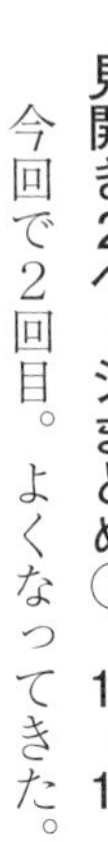

見開き2ページまとめ① 12・16

今回で2回目。よくなってきた。

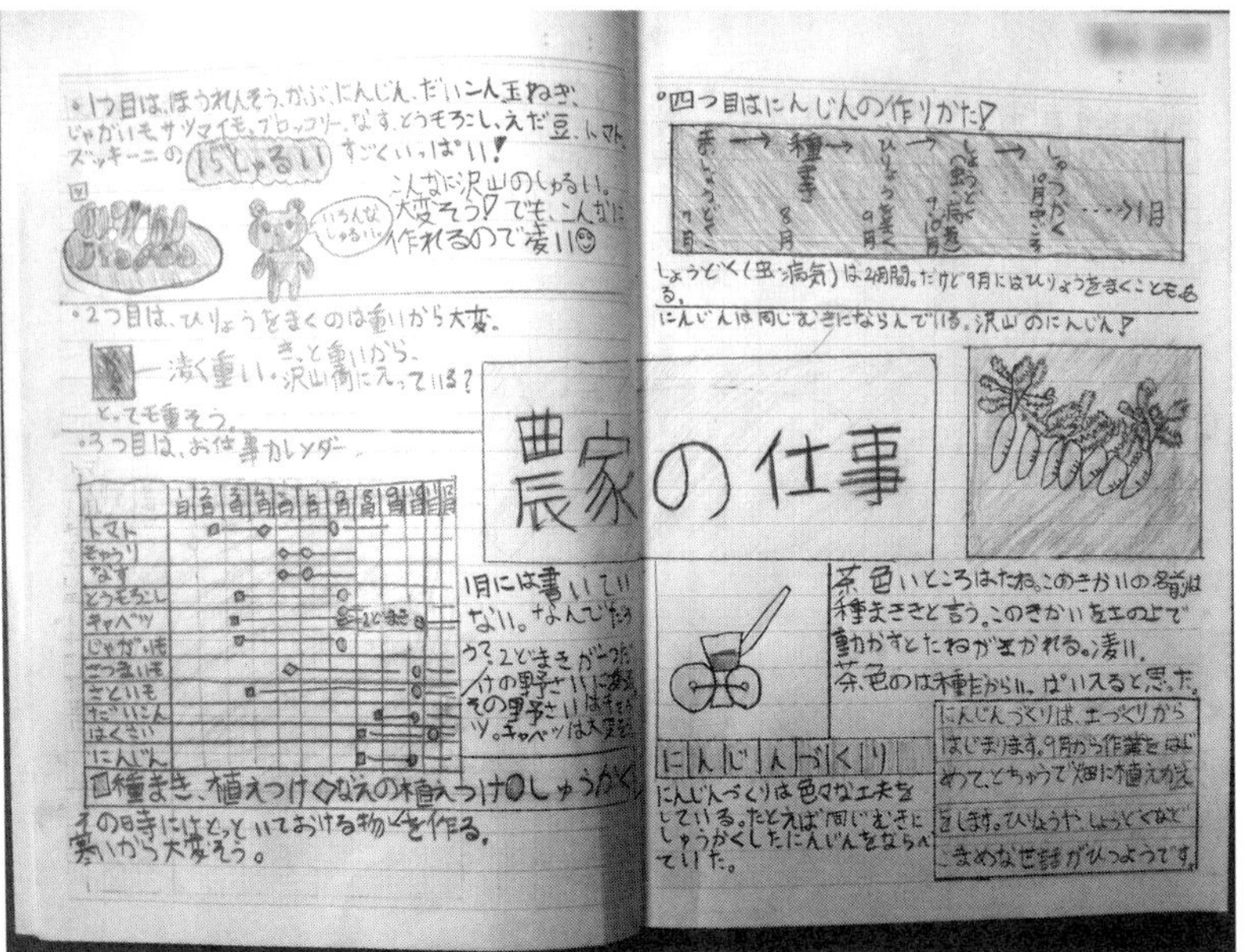

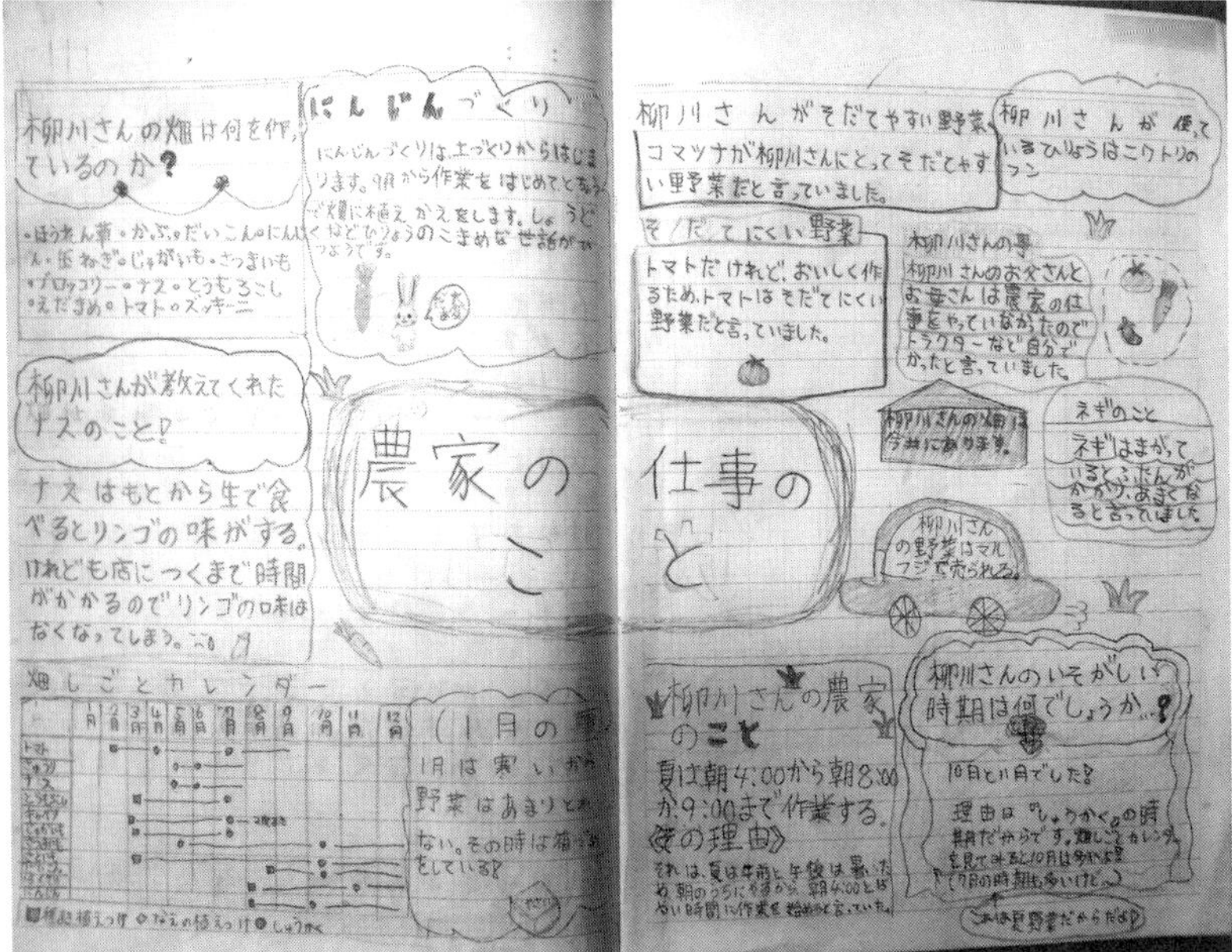

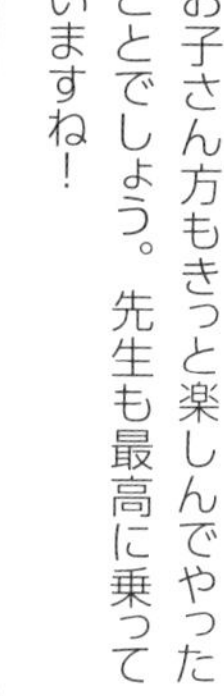

お子さん方もきっと楽しんでやったことでしょう。先生も最高に乗っていますね!

K先生、ありがとうございます。3年生も11月あたりからグーンと力がつきました。これまでにない実感です。

見開き2ページまとめ②　12・17

もう少し紹介します。

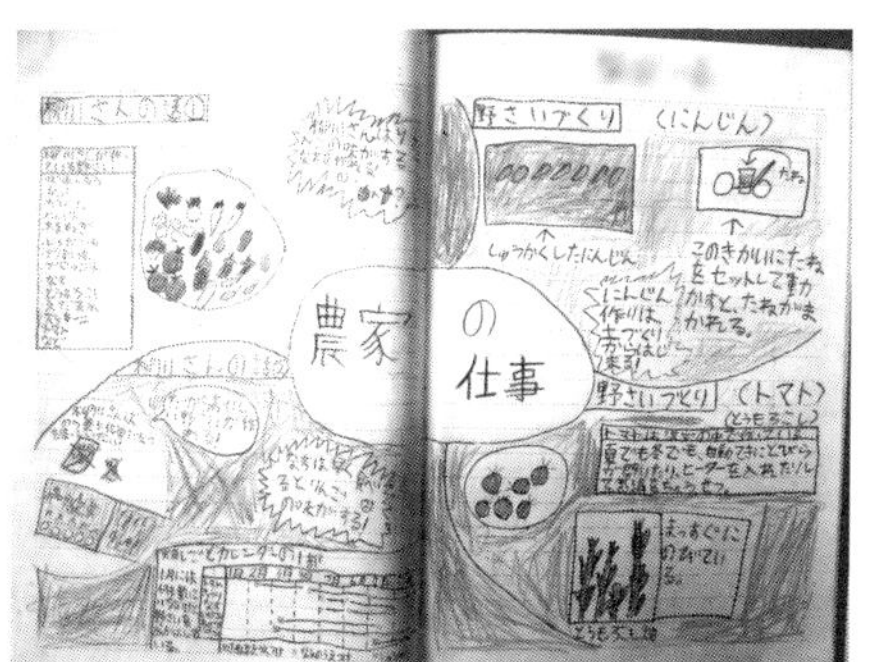

ボリュームと丁寧さが並存しているところがすごいです。私は全員に丁寧に書くことを徹底できていません。課題です。個別評定を入れている部分とそうでない部分の落差が激しいです。また、サークルで勉強させてください。

いくつかポイントを示しました。隙間をつくらない。丁寧に。友だちの途中作品の見学会もしました。

「〜しい」の授業で大ウケ！　12・17

久々に「（　）しい」（向山実践）の授業を行った。「（　）しい」という言葉をたくさんノートに書かせる。

・美しい　・おそろしい　・図々しい　・おかしい　・まずしい　・等しい

・ほしい　・おしい　・いやらしい　・いそがしい　・あわただしい

色々出された。黒板に書いていく。途中、・オロナミンしい　・ふなっしい　が出されて大爆笑。

そして、クラスのネームプレートを貼っていく。・美しい保坂　・おそろしい山田　・図々しい鈴木　・おかしい栗林　・まずしい伊藤　ひとつひとつが大爆笑。そして、アンコールが出た。さすが向山実践は子どもの反応が違う!!

今年もやりました。大掃除ビンゴ！　12・24

23日に大掃除をした。こんなに捨てるものがあったかと毎年驚くが、その中で捨てるのはもったいないものが出てくる。例えば、娘が使わなかったポーチ、床屋でもらったミニライト……。それらをすべて賞品にして学級でビンゴ大会を行うのだ。家のものもリサイクルされ、子どもも喜ぶこの企画。オススメですよ。

子どもの感想に感動　12・25

今日が終業式。最近は最後に道徳の授業を行う。鈴木恒太先生から教えてもらった道徳の授業だ。

①　今学期の自分の成長・クラスの成長をノートに箇条書きさせる。

②　指名なしで3周くらい発表させる。

③　友達の発表を聞いた感想をノートに書かせる。

④　書けた子から発表させる。

この④の感想が素晴らしかった！　「〜君の成長がいいなあと思いました」「村野先生が成長していない子なんて一人もいないと言ったのが本当だなと思いました」「学級がとっても仲良くなったと思いました」などなど。予想を超えた内容が次々と発表された。感動した。記録しておけばよかった！

Ⅲ

3学期

学力ついた!
“見える化” 作戦

1月 漢字テスト100点癖がついた！ かな？

明日から3学期！　1・7

今日は学校で一日明日の準備。転入生があるので、そのための準備が中心になった。

明日は「話す・聞くスキル」の群読に挑戦させる。河田先生の言うとおりに「使い倒す」。初日から。

無人島　1・8

1人1役を決めた。黒板に1人1役の仕事をすべて書く。やりたい仕事にネームプレートを置かせる。

この段階では重複してもよい。「やりたい仕事」に貼らせる。全員が貼ったところで言う。

「定員を超えている仕事はじゃんけんで決めます。じゃんけんで負けてしまった子は残っている仕事から選んでもらうことになります」

「ここでじゃんけんで負けて他の仕事にいくくらいなら、今のうちに他の場所に変えたい人はどうぞ。1分以内です」

ここで数名が黒板のネームプレートを置き換える（これがとても大切）。

この時点で定員内の仕事は決定となる。定員オーバーしている仕事はじゃんけんさせる。

負けた子は黒板に描いた「無人島」にネームプレートを置かせる。これが負けた子どもの気持ちを少しだけ癒す。

最後に「無人島組」にじゃんけんさせて勝った子から残りの仕事を選ばせる。これで1人1役は無事に決まる。

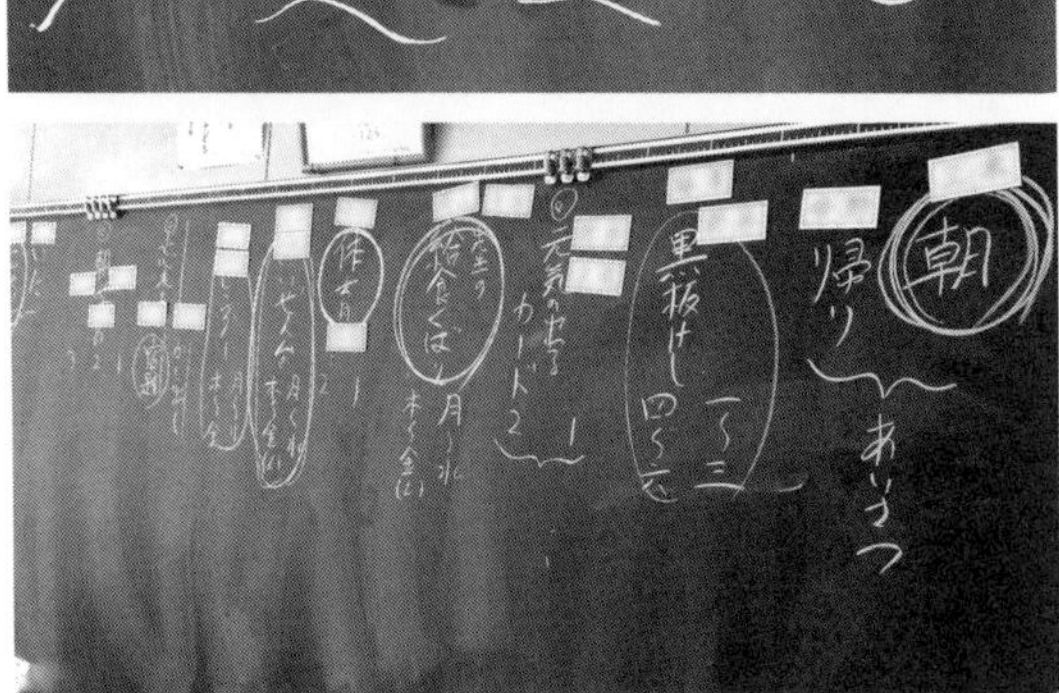

新年は楽しいことを　1・8

年末に自宅の大そうじをする。要らないものがたくさん出る。しかし、子どもが欲しそうなものをとっておいて、ビンゴ賞品とする。いつも、年末か年始にビンゴ大会を行う。これが盛り上がる。

今日、実施。楽しく終了。

席書会　1・8

バックには「春の海」「六段」などの音楽が流れています。いい雰囲気。こういうことも大事。

バックに音楽が流れているのがいいですね。今度追試します。雰囲気が出ますね。

「越天楽」も流れます。

3学期も繰り返す　1・9

始業式の日。転入生が入った。自己紹介を指名なしで。毎日、「感想発表」をしている成果で、ひとりひとりが個性的に話すことができてきた。

そして、冬休みに一番楽しかったことも指名なし。驚いたことに転入生も指名なしで発表した。2日目の今日も指名なし発表を繰り返した。3学期も淡々と同じことを繰り返す。

向山実践「豆電球」の追試　1・12

昔、2年生でやって以来の追試。今は、3年生で。子どもたちが盛り上がる。本当に面白い。

私がそっと豆電球だけ光るところを見せるのがポイント。途中、「導線のビニールをはずしていいか」と質問があった。

「よし」として進める。結局、全員が豆電球を光らせることができた。

次回はエナメル線も入れて光らせる授業だ。

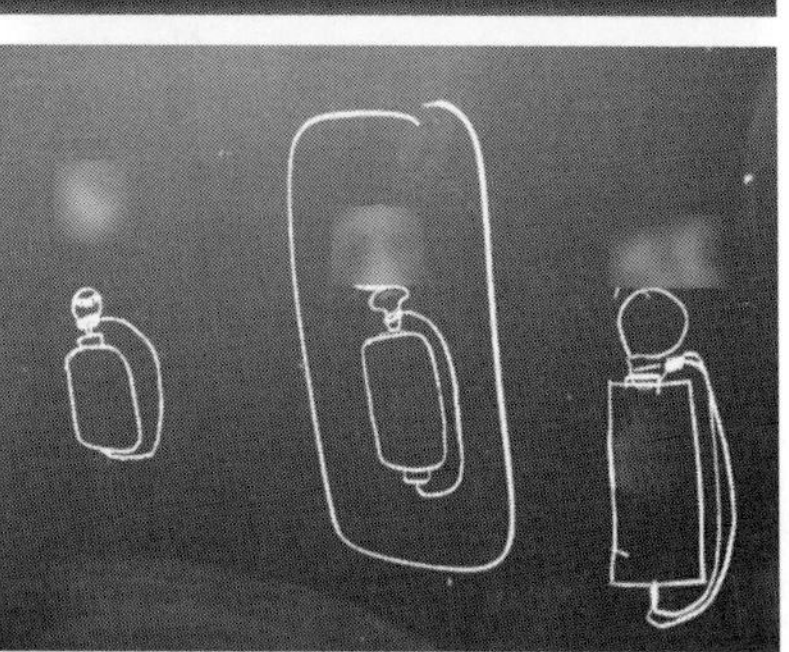

トラブル対応の原則　1・15

被害者と加害者とあったとする。まずは、被害者から事情を聞く。次にそれを目撃した子に事情を聞く。さらに加害者が複数いた場合には関与の少ない子から事情を聞く。最後に加害者の中心人物に話を聞く。要するにことの全貌を教師が完璧に把握した上で、加害者の中心人物に事情を聞くのである。その際、

「先生はすべての事情をいろいろな人から聞いて分かっています。あなたが正直に話すのかどうか、それを見ているのです」

と伝える。

この先は、中心的な加害者の反省の度合いで対応が変わる。全体で取り上げるのか、当事者だけで和解させるか。

資料の読み取りは解釈を入れて　1・16

3年生とは言え社会科の資料の読み取りに解釈を入れるように指導する。すでに3学期。4年生に近い3年生だ。

3年「昔のくらし」の授業。教科書に出ている60年前の民家のイラストの読み取りだ。

「～がある」「～が見える」

このレベルは卒業させる。

「～がある。ということは、～だろう」

このように、見たことから解釈を書かせる。

今日は1時間、読み取りだけを行った。ずっと作業では飽きるので、途中で1度、発表させる。それがヒントになり、さらに書ける。授業後の評価は2点。

① 使ったノートのページ

② 箇条書きの数

解釈を入れて書く子はページが増えるが、箇条書きの個数は減る。どちらも評価するといい。

ノート使用が一番多かった子で4ページ。箇条書きの個数最高は44個だった。みんなたくさん書けるようになった。次回は発表させる。

「雪」（三好達治）の風景描写　1・20

発問

「家は何軒ですか」

「今、雪は降っていますか」

これは、3年生としては、なかなかレベルが高いです。社会の始まりは3年生ですから、指標になりますね。

子どもたちの解釈には、
① 今あって昔なかったもの・こと（変化）
② 今はないけど昔あったもの・こと（変化）
③ 今も昔もあるものが多く含まれていました。
それを紹介しながら解釈の方法を教えています。今回が初めてではありません。2学期から指導しています。

「太郎と次郎はどんな関係ですか」

「眠らせたのは誰（何）ですか」

これを「実況中継のように」書かせた。３年生の作文。

酒井式？笑顔　１・21

イベントで「笑顔」のイラストが大量に必要だということで、学校に1人1枚の依頼があった。

校長先生は「スマイルでも、簡単なイラストでも何でもいい。笑っていれば」ということだった。

私はせっかくなので久々に我流に満ちた「酒井式描画指導」をした。他の学級の可愛いイラストの中に、このようなタッチもいいだろうということで。

職員室で見ていたら、結構、評判になった。

久しぶりに酒井式（？）を実践したが、子どもたちの熱狂ぶりには今更ながら驚いた。

楽しく1時間で書き上げた。３年生です。

学習発表会　１・21

持ち時間10分だけの学習発表会だ。３年１組は日常的にやっている「話す・聞くスキル」で圧倒する。

今日は1度だけ会場でリハーサル。いい声だった。

この体勢で指名なし音読はどうかと思ったができ

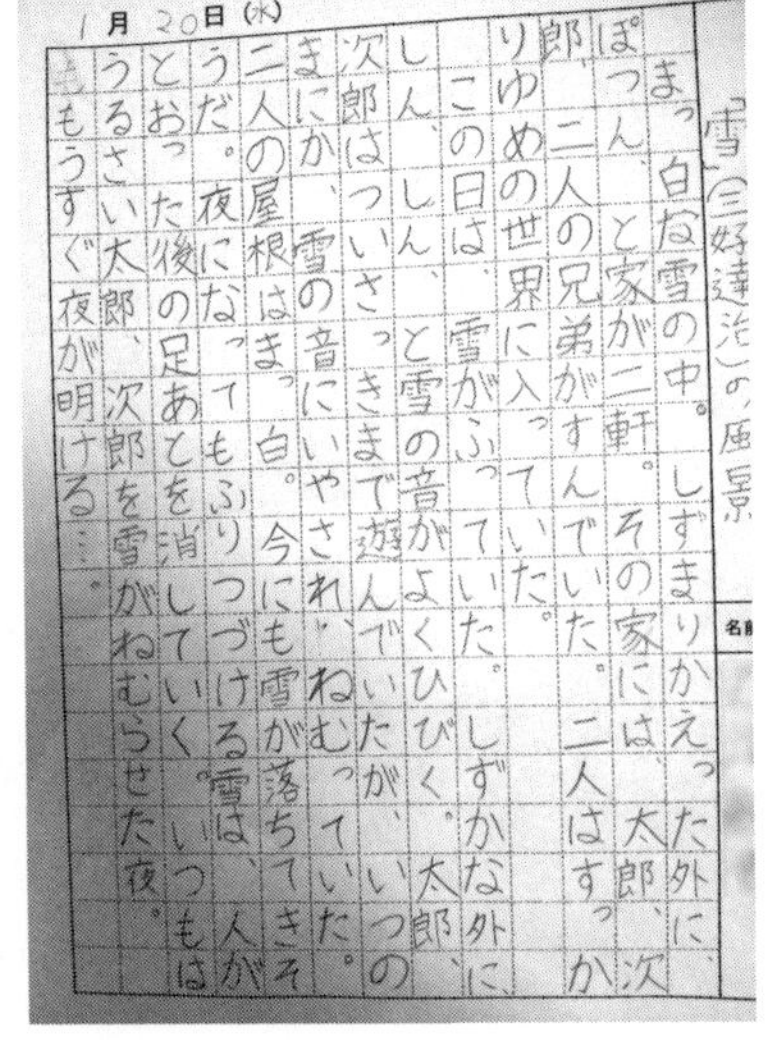

雪（三好達治）の風景

1月20日（水）

まっ白な雪の中。しずまりかえった外に、ぽつんと家が二軒。その家には、太郎、次郎、二人の兄弟がすんでいた。二人はすっかりゆめの世界に入っていた。

この日は、雪がふっていた。しずかな外に、しん、しん、と雪の音がよくひびく。太郎、次郎はついさっきまで遊んでいたが、いつのまにか、雪の音にいやされ、ねむっていた。二人の屋根はまっ白。今にも雪が落ちてきそうだ。夜になってもふりつづける雪は、人がとおった後の足あとを消していく。いつもはうるさい太郎、次郎を雪がねむらせた夜。もうすぐ夜が明ける…。

てしまったから驚いた。

1　寿限無
2　季節の俳句
3　ブランコ
4　ためになることわざ
5　動物の名前のつく慣用句（たけのこ）
6　しりとりことば（たけのこ）
7　しりとりことば（指名なし）
8　村祭り（群読）
9　ころころ橋（群読）
10　はしるしる（群読）

漢字テストの結果①　1・21

3学期最初の漢字テストの結果。上々。安定感が出てきたなあ。石坂先生ありがとうございます。

１００点……24名
90点……２名（欠席１）

集合知から討論へのステップ　1・23

集合知は基本的に、

個　対　個

のやり取りの授業である。

河田先生も言うとおり「やり取りを教える」授業とも言える。討論は、

集団　対　集団

のやり取りの授業である。

この2つをどう橋渡しするか。個から集団へ。河田学級の分析本を読んでいると大きなヒントが！　今、仮説を証明中。

「群れ」と「集団」の違い　1・25

新しく学級編制された学級は「群れ」であり、教師が「集団」化していくわけですが、「群れ」と「集団」とでは何が違うのか。

今日、勉強していてなるほどと思いました。3つのことがあるかないかで「群れ」と「集団」は分かれることを学びました。

これはTOSSの先生だったら黄金の3日間に実施している内容です。つまり、黄金の3日間は「群れ」を「集団」に変える期間だったということを自覚しました。

①？　②？　③？

何だと思いますか。多くの方は知っているのかもしれません。

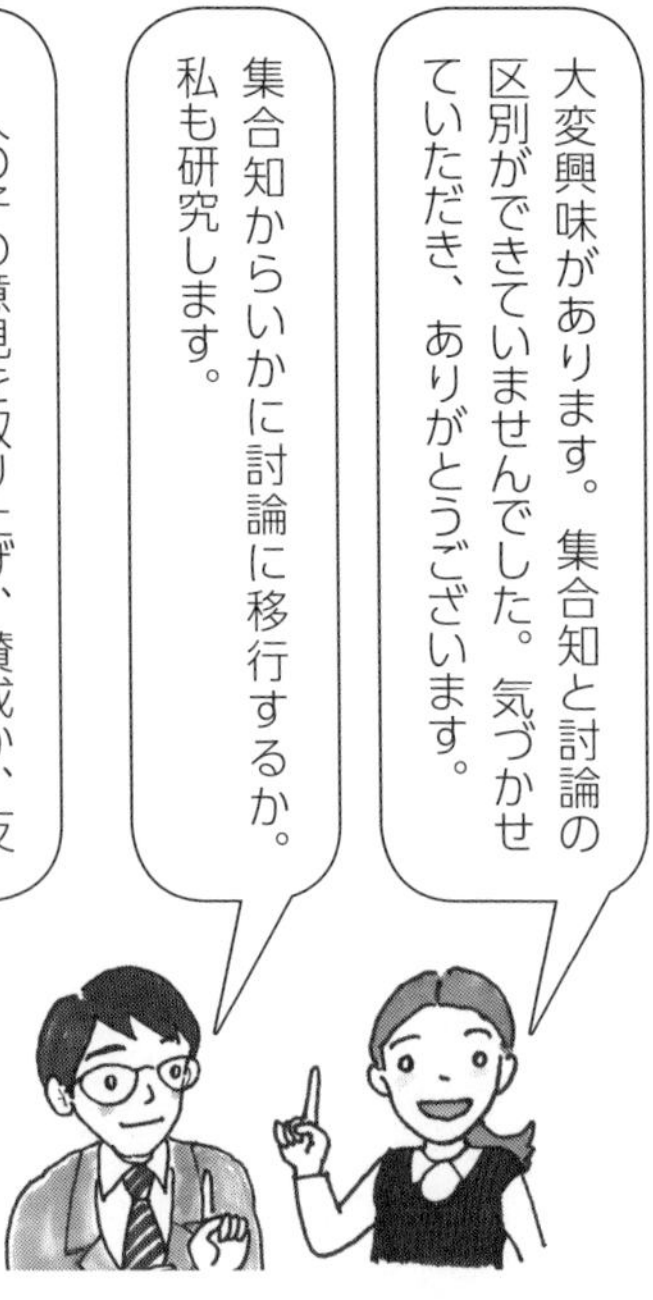

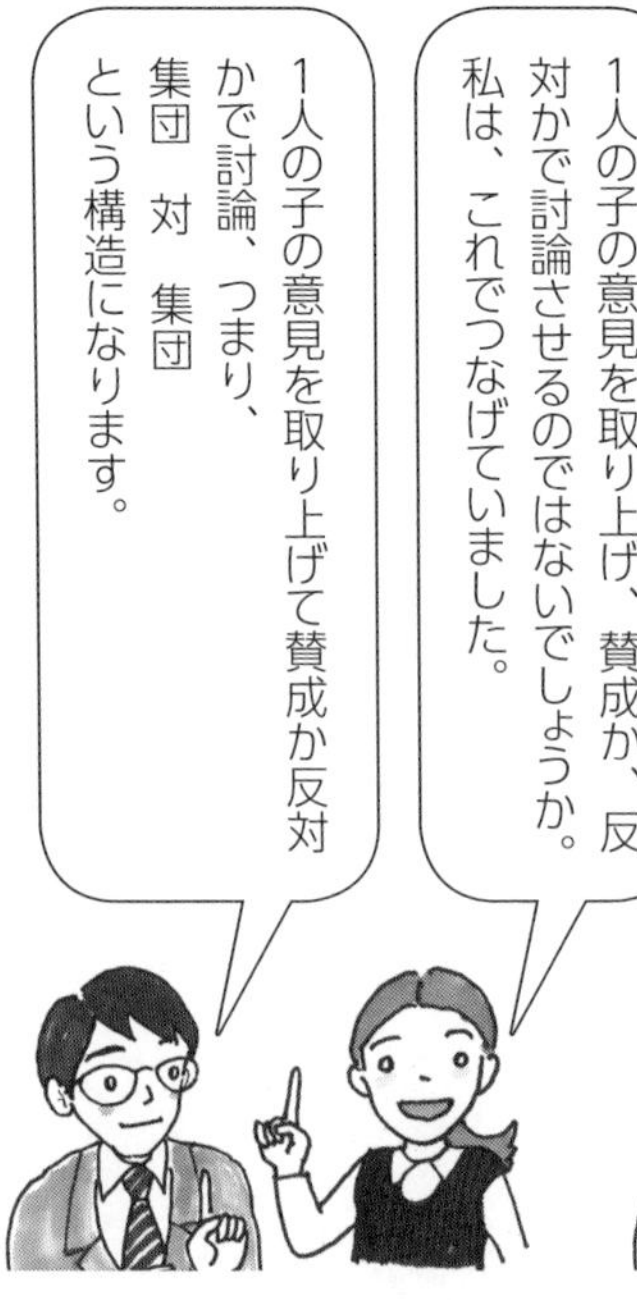

漢字テストの結果②　1・28

100点……24人

90点……2人　（1名欠席）

100点癖（？）のようなものがつく。極めて安定して漢字テストで満点が取れるようになった。

ユースウェアは「入力」を鍛える。そして石坂式は「出力」を鍛える。これが向山型×向山型ということなのだ。

2月　教科書通りの保健の授業「健康によい生活」

昔の写真に合わせて今の写真を撮る　2・2

本校の前の道の写真（昔）を近隣の方からいただいた。右端に木造時代の学校も写っている。

これと比較させるために、同地点からの写真を撮った。車の位置を同じにするのに苦労した。交通事故にも注意しながら撮影した。

昔の写真と同地点の写真を撮っていけばいい資料ができる。

「本で調べて、ほうこくしよう」のワークシート　2・3

3年生の「本で調べて、ほうこくしよう」は作文単元。全16時間。これを3時間程度で終わらせるワークシート。

例文視写→一部視写＋実作→実作

このステップ。取材は一切させない。教師が準備する。

Q&A
月世界はどんな所なの？
空気も水もない世界です。

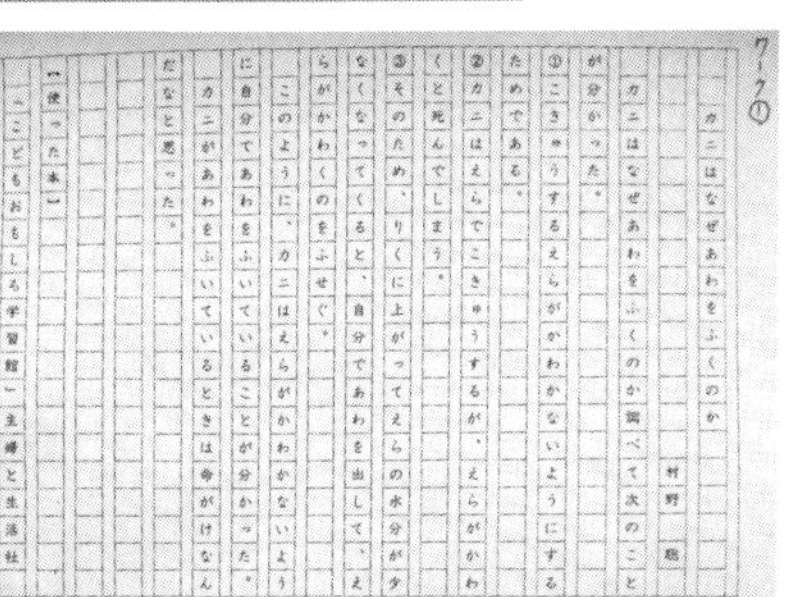
ワーク①

カニはなぜあわをふくのか

村野　聡

カニはなぜあわをふくのか調べて次のことが分かった。

①こきゅうするえらがかわかないようにするためである。

②カニはえらでこきゅうするが、えらがかわくと死んでしまう。

③そのため、りくに上がってえらの水分が少なくなってくると、自分であわを出して、えらがかわくのをふせぐ。

このように、カニはえらがかわかないように自分であわをふいていることが分かった。

カニがあわをふいているときは命がけなんだなと思った。

【使った本】

「こどもおもしろ学習館」主婦と生活社

一九九四年

ワーク②

月世界はどんなところなのか

村野　聡

月世界はどんなところなのか調べて次のことが分かった。

①空気も水もない世界である。

②風も

③月面では

このように、

【使った本】

「こどもおもしろ学習館」主婦と生活社

一九九四年

取材は一切させない、に驚きました！ 今頃になって調べさせたことを後悔してます。明後日には完成予定です!!

教科書通り、きっちり行うことも大切です。私はいかに短く作文力を鍛えるかという一点に集中しています。百科事典は社会で教えるし。

「子どもには教師が教えようとする作文のイメージがありません」という言葉がストンと落ちました。例文視写→一部視写＋実作→実作のステップは素晴らしいです！

今、同じ単元を進めています。考えた末、教科書通りに授業しています。それぞれが調べたい事柄が個性的で面白いです！ 教科書での報告書の書き方の確認と調べながらメモを書くのに2時間かかりました。報告書を書き上げるまでにはあと4時間はかかります。合計でこの単元は6時間。指導書では16時間になっていますね。

やはり視写なのですね。サークルの先輩も視写をさせて書かせると言われます。

視写が基本です。子どもには教師が教えようとする作文のイメージがありません。視写は一気にイメージさせることができます。「めあて」なんか書かせる何倍も見通しがもてます。

教科書通りに指導できる力、短縮してできる力。どちらも大切ですね。それにしても16時間はもったいないと思ってしまいまして。

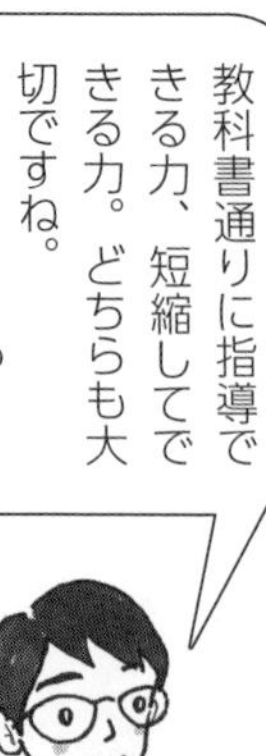

トラブル　2・5

今年担任している3年生。数年前に担任した新型学級崩壊の荒れがあった高学年学級と実に似ている。昨年度（2年生）のときは学級担任がダウンした。

新型学級崩壊の学級の特徴である「化学反応」。子ども同士が刺激しあいトラブルが絶えないという意味。

あのときほどではないが、実に似た傾向をもった学級である。

今週月曜日に事件が明るみに出た。今日、とりあえず解決。と思ったら、次の展開が待っていた。このような対応をいかに淡々と一喜一憂せずに行えるかが課題。感情を入れず、粛々と処理していくのがいい。とは言え、心が動揺するのが教師という仕事の性である。だから、淡々・粛々を意識してちょうどいいくらいだ。

向山先生も「強さは鋭さの中にあるのではなく、鈍感さの中にある」というようなことを書いている。

トラブル対応のときの「鈍感なまでの感情」があったらいい。もちろん対応そのものは「鋭く」なければならない。数年前の荒れの体験があるからこそ、今は比較的そのように対応できるようになったと思う。

これも新型学級崩壊のレガシーだ。

私も今年は大変です。子ども同士が刺激し合うのです。感情を入れず、淡々と。意識します。

こういったことを、力のあるベテランの村野先生が語ってくださることで、励みにもなり方針にもなります‼　感激いたしました!!
本当に貴重なお話ありがとうございます‼

村野先生、ありがとうございます。まさに今、私が意識していることと重なりました。方向は間違っていないのだということを確認できました。
村野先生のご経験と比べられるものではありませんが、村野先生から学んだことを生かし、学級、学年経営をしていきます。

淡々というのが難しいです。ついつい表情に出ます。動揺してしまって。
ただ、「鈍感なまでの感情」というのはよくわかります。僕も日々意識するようにしています。感度を鋭くしておかなければならない部分はもちろんありますが。
こういう具体的なエピソードが今度のセミナーで聞けたらうれしいです（懇親会とかだったら聞けますでしょうか）。

向山型算数風「3年保健の授業」全4時間の指導① 2・11

〜第1時　けんこうというたからもの〜

今の保健の教科書を見ると、ワークシート的な形になっており、教科書だけを使って授業を行うことも可能である。

3年生の「新版　新しいほけん3・4」（東京書籍）を使った授業案4時間分を示す。

「けんこうな生活」

1　2ページを開きなさい。「けんこうというたからもの」と書いてあります。言ってごらんなさい。

2　けんこうってどういう状態のことを言うのですか。教科書からさがして線を引きなさい。

・けんこうとは、元気いっぱい、気分がよい、ぐあいの悪いところがないなど、心や体の調子がよいじょうたいのことをいいます。

3　けんこうが「たからもの」であるのはどうしてですか。教科書からさがして線を引きなさい。

・元気に運動ができるから。ごはんがおいしく食べられるから。など

4　4ページを開きなさい。

「けんこうなじょうたいをつくる」ために大切なことが7つ、ジグソーパズルのピースに書かれています。読んでみましょう。

5　それぞれの行動をすることで、何がいいのですか。

教科書の空いているところに簡単に書き込みなさい。

・早ね早起きをする。↓すっきりする。気分がいい。疲れがとれる。など

・食事をしっかりとる。↓元気になる。栄養がつく。など

・部屋の明るさを調節する。↓目によい。など

・部屋の空気を入れかえる。↓いい空気が吸える。など

・歯みがきをする。↓虫歯にならない。など

・手あらい、うがいをする。↓病気にならない。ばい菌がなくなる。など

・運動をする。→体力がつく。楽しい。など

6　この7つを「けんこうによい1日の生活の仕方」と「けんこうのためにに身のまわりのかんきょうを整えている」ものに分けます。

「けんこうのために身のまわりのかんきょうを整えている」ものが2つあります。○をつけなさい」

・「部屋の明るさを調節する」「部屋の空気を入れかえる」

7　教科書の5ページ、一番下の文章を読みます。

・けんこうなじょうたいは、1日の生活の仕方や、身のまわりのかんきょうなどが関係して、よくなったりしたり悪くなったりします。（以下略）

8　「1日の生活の仕方」と「身のまわりのかんきょうを整える」ことについて、他にはどんなことがあると思いますか。思いつくだけ書きなさい。

・「1日の生活の仕方」……食事を残さず食べる。集中して勉強する。

・「身のまわりのかんきょうを整える」……カーテンをする。部屋を暖かくする。

9　発表しなさい。

10　今日の勉強で学んだことをノートに書きなさい（発表させる）。

向山型算数風「3年保健の授業」全4時間の指導②　2・11

～第2時　けんこうによい1日の生活～

ほぼ教科書通り授業するので、「向山型算数風」としたわけだ。第2時は討論的に行った。実際には討論も含め、2時間を要した。

1　教科書6ページを開きなさい。

2　「元気いっぱいのあやかさん」と「元気のないたくみさん」の1日の生活を読みなさい。

3　2人の生活はどう違いますか。ノートにできるだけたくさん箇条書きにして書きなさい。あやかさんは～だが、た

くみさんは〜だ。というように書きなさい。
4　発表しなさい。
5　教科書7ページを読みます。
「けんこうにすごすには、食事、運動、休養・すいみんに気をつけて、きそく正しい1日の生活リズムをつくることがひつようです。そして、それを毎日つづけていくことが大切です」
6　あやかさんが元気な理由を図（けんこうによい生活リズム）を見ながら教科書に書き込みなさい。
・あやかさんは「食事」「運動」「休養・すいみん」のバランスがとれた生活をしているから。
7　たくみさんが元気になるために一番変えた方がよいのは「食事」「運動」「休養・すいみん」のどれですか。自分の意見を教科書に書き込みなさい。
8　3つのどれか手を挙げなさい。そう考えた理由を短くまとめて黒板に書きなさい。
9　端から発表しなさい。
10　どれが一番大切なのか意見を言い合いなさい（もちろん、どれも大切だけど）。
11　今日の授業で学んだことを書きなさい。

向山型算数風「3年保健の授業」全4時間の指導③　2・11

〜第3時　体のせいけつとけんこう〜

1　教科書8ページを開きなさい。自分が普段していることに○をつけてみましょう。
2　これらの行動はすべて「自分の体を○○○○にしておく」ための方法です。○にはどんな言葉が入ると思いますか。
・せ・い・け・つ
3　これらの行動はすべて「○○」を退治するための方法でもあります。何ですか。
・き・ん
4　きんを退治することで自分の体をせいけつにすることができます。

5　9ページの「手をせっけんであらわないと……」どうなりますか。
・きんがふえておなかがいたくなる。
6　では、8ページの行動についても見ていきます。「食後に歯みがきをしないと……～なる」とノートに書いていきなさい。
・「食後に歯磨きをしないと……虫歯になる」
・「毎日、下着を取りかえないと……きんがふえて病気になる」
・「おふろで体や頭をあらわないと……くさくなる」
・「外から帰ったら、うがいをしないと……ウイルスが入って風邪をひく」
・「手や足のつめを切らないと……きんがたまる」
・「ハンカチやティッシュをもっていないと……きんがとれない」
7　発表しなさい。
8　教科書9ページの文章を読みます。「わたしたちのまわりには、病気のもとになるいろいろなきんがあります。体やハンカチ、下着の衣服についたよごれやあせをそのままにしておくと、そこできんが増えてしまいます。（以下略）」
9　教科書の13ページを開きます（下着の薬品テストの部分を読む）。
10　教科書9ページ。下の2人がけんこうにすごすにはどこを直すべきですか。教科書に書き込みなさい。
11　発表しなさい。
・手を洗う。
・歯みがきをする。
12　今日の授業で学んだことを書きなさい。

向山型算数風「3年保健の授業」全4時間の指導④　2・11

～第4時　けんこうによいかんきょう～

1　教科書10ページを開きなさい。
2　「しめ切った部屋でストーブを使っていると……」と書いてあります。「……」の後を考えて教科書に付け足しなさい。
3　発表しなさい。
・頭が痛くなる。
・空気が悪くなる。
・息が苦しくなる。
4　では「暗い部屋で本を読んでいると……」どうなりますか。これも書き足しなさい。
5　発表しなさい。
・目が悪くなる。
・姿勢が悪くなる。
・目が疲れる。
6　教科書10ページの文章を読みます。「部屋の空気がよごれると、体のぐあいが悪くなることがあります。また、部屋が明るすぎたり、暗すぎたりすると、目が疲れやすくなります。（以下略）」
7　部屋の空気の入れかえや明るさの調節はどのようにしたらよいでしょうか。下の絵は間違えた行動です。どうすればよいか教科書に書き込みなさい。
8　発表しなさい。
9　次のようなときは、どう身のまわりのかんきょうをととのえますか。教科書に書き込みなさい。
10　発表しなさい。
11　教科書14ページをやりなさい（学習のまとめ）。

向山型算数風「3年保健の授業」全4時間の指導⑤　2・11

～おまけ編～

4時間目の授業で、合間に語った。

「空気は汚れても見えないんだけれど、もしも、空気も水のように汚れたら色が変わるとしたら、今の教室は……中休みに窓を開けなかったから……灰色をしていると思います」

「色が見えないだけで、灰色の汚れた空気をみんなは今吸っているわけです」

これを聞いて、一人の男の子が、

「先生、空気が悪いから気持ちが悪いです……」

と本気モードになってしまった。

そこで、

「今すぐ、窓を開けて」

と換気をした。

「空気がきれいになったから、もう大丈夫でしょう」

と言うと、

「はい」

と答えた。

そして、その後は換気をしようという意識が高まっていた。

資料から分かったことをスピーチ　2・19

3年生にこういう単元がある。資料は学級で各自がアンケートを取り合って作成した。

まだ、棒グラフを算数で学習していなかったが、棒グラフを簡単に教

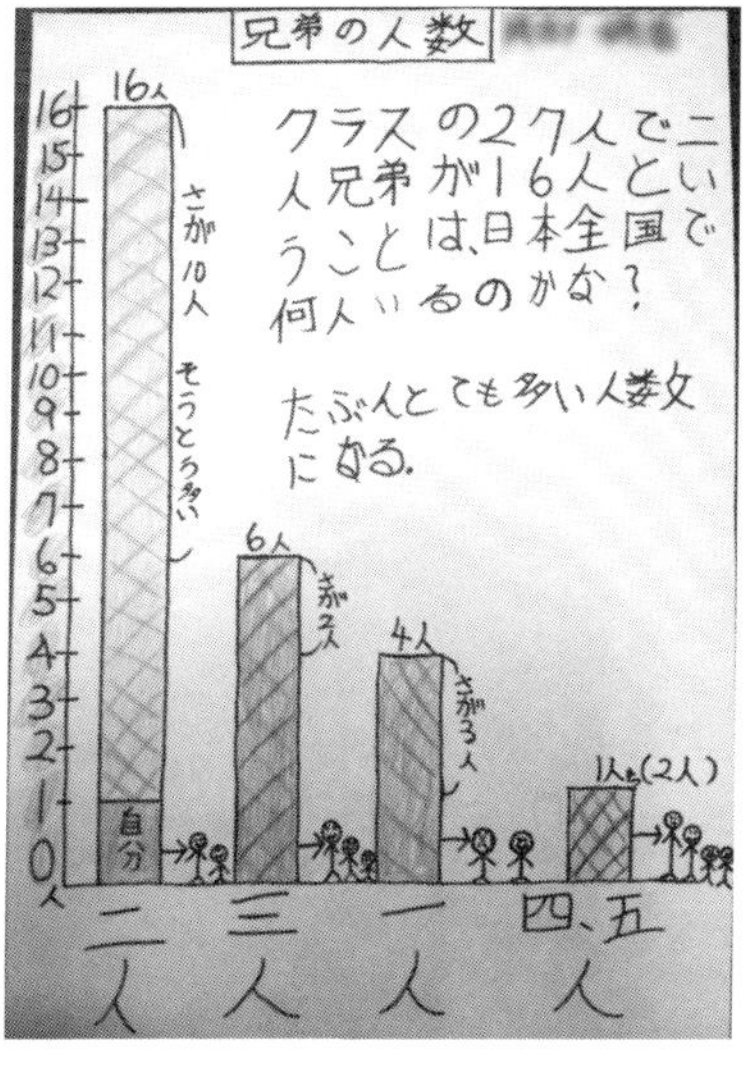

えて作成させた。

この資料を使って、面白おかしくスピーチさせる授業を行う。スピーチ原稿を書かせた。

① 何の資料か
② 資料から分かること
③ 分かることへの解釈

この順序で書かせた。

①は例えば「お年玉の使い道について調べた」というようなこと。

②は「1位が貯金でした」というようなこと。

③は1位がなぜ貯金なのか自分の解釈を書かせる。「倹約家が多いのだと思います。」というような。

子どものスピーチが楽しみ。

お助けサッカー盛り上がる　2・24

チームワーク。

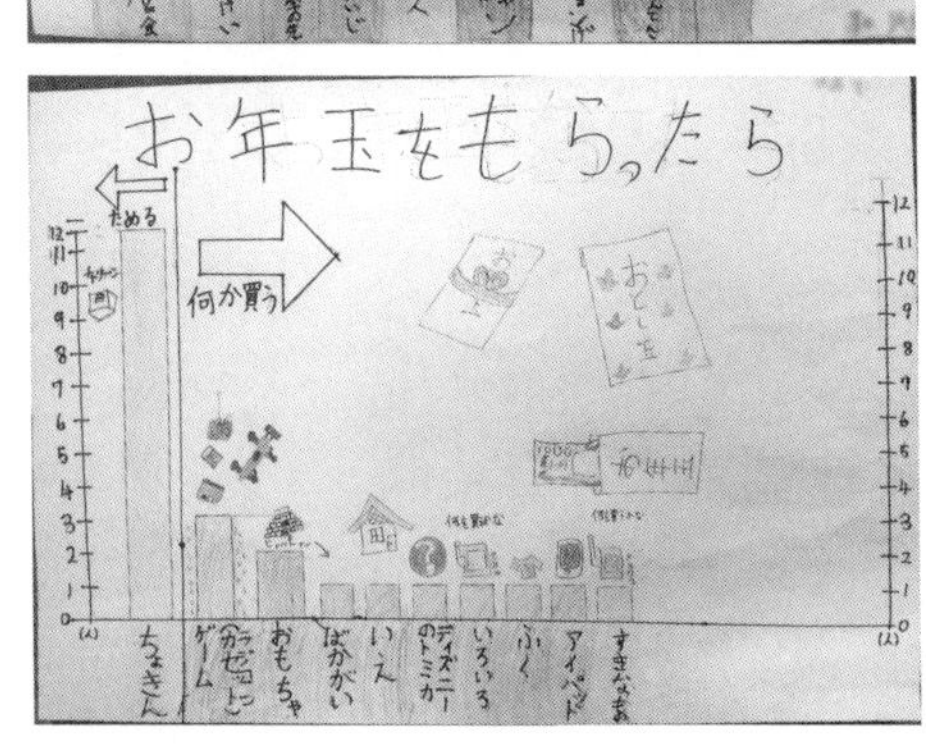

お助けサッカーのルール　2・25

①写真に示したように中に3人、お助けマンが外に2人、ゴールマンが1人。1チーム6人（以上）。
②試合開始のボールは教師が投げ入れる。
③ゴールマンにシュートし、キャッチしたら1点。
④得点が入ったら、ゴールマンはボールを近い方の敵方お助けマンに渡し、そこから再開。
⑤お助けマンは手も足も自由に使える。●チームのお助けマンは斜線部分を自由に動ける。
⑥お助けマンは自分のチームのゴールマンとは反対側に位置する。
⑦ゴールしたらゴールした子が得点板をめくる（7人以上のチームの場合、ゴールしたら控えの子と交代する）。
⑧ゴールマンは線の中だけ動ける。
⑨ゴールマンがボールをキャッチした際、片足が少しでも線内にあればゴールとする。
⑩敵が相手のゴールマンエリアに侵入してゴールを妨害した場合は得点となる。
⑪ゴールマンのラインの前にもう1本ラインが引いてあるのは間際の揉め事をなくすため。このラインをボールが超えたら、それにさわれるのはゴールマンだけとなる。
⑫お助けマンをいかに活用するかが勝負の分かれ目。
⑬みなさんが予想した「特典」はありません。加えても

中からお助けマンエリアにボールが出た場合、どうするのでしょうか。通常のサッカーだとスローインだと思うのですが、教えてください。

お助けマンが中に入れます。手でも足でも扱えます。いかにお助けマンを活用するかが勝負の分かれ目。わざとお助けマンに出してもいいわけです。

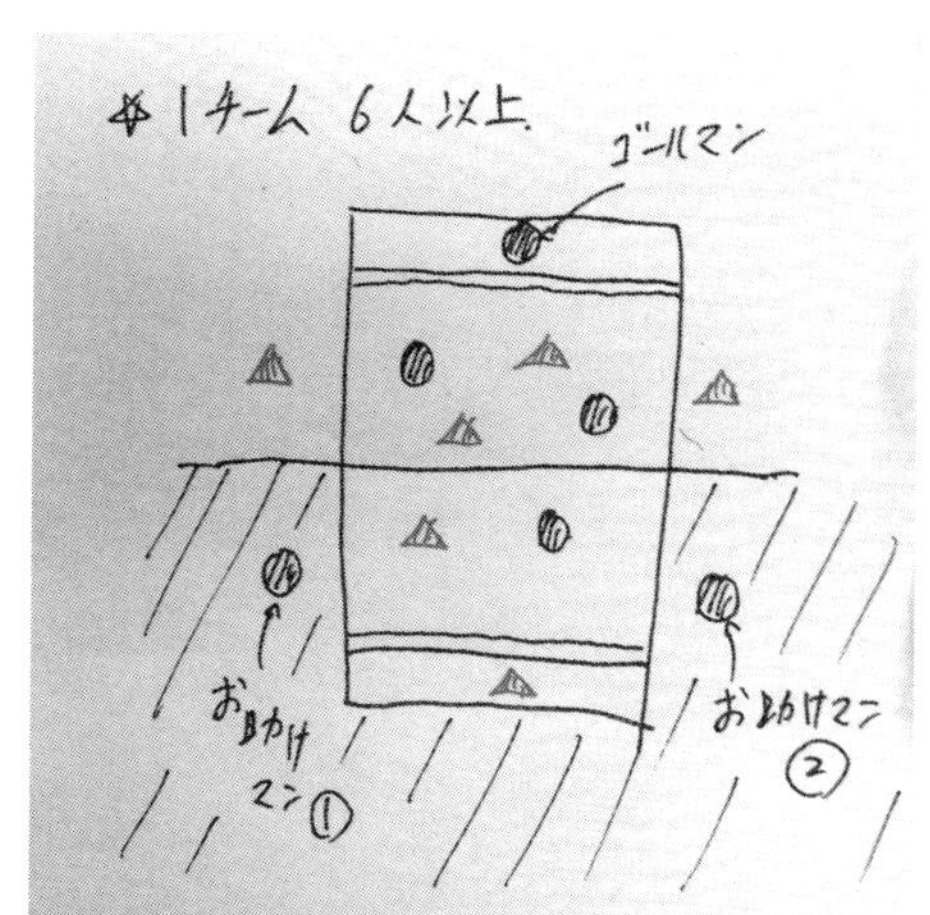

いいかもしれませんね。

質問があればどうぞ。

お助けサッカー・おまけ　2・25

対戦表。得点表。

勝ち点制チャンピオンと得点チャンピオンを決めます。優勝チームが2つ出ることも。

本日の日記　2・25

子どもの日記。10ページ書いてきた子が2人。8ページ、6ページ、4ページという子もいた。

TOSSノート12冊目が最高。一番少ない子で5冊目。

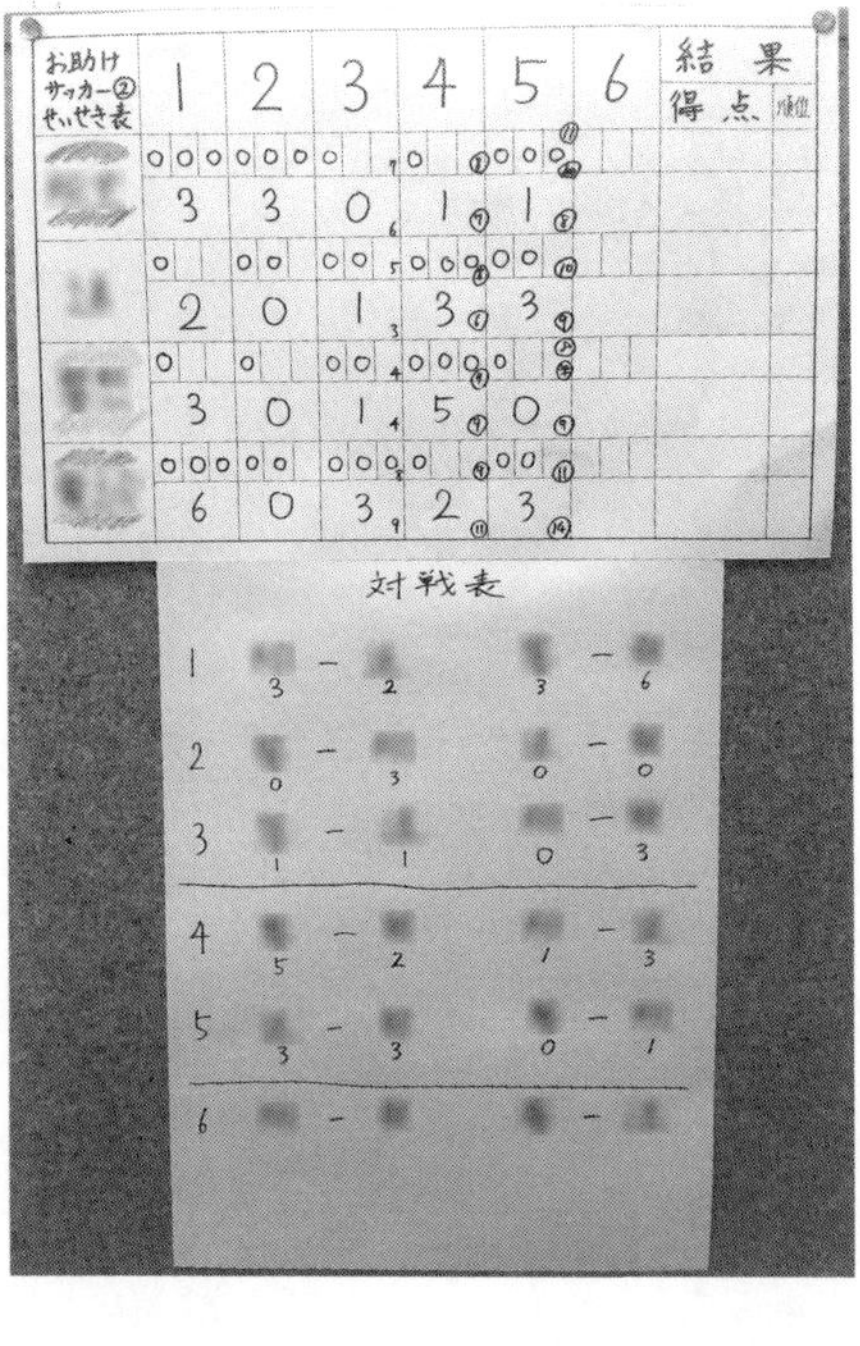

3月　3年生さようなら集会の企画書

16時間作文単元を2時間で終える　3・5

3年・光村「本で調べて、ほうこくしよう」。この単元は16時間扱いだ。要するに「報告書」（レポート）の書き方を教える単元。

これを以前SNSで紹介したワークを使って2時間で授業を終えた。

ある子の作文を紹介する。どの子もこの程度には書けるようになる。あとは日記で習熟を図る。

宿題で「報告書」　3・6

昨日教えた「報告書」を宿題で書かせた。15人が合格。11人に不具合があった。

放課後、この11人に1人30秒程度の指導。修正して下校させた。しばらくは同テーマで書かせていく。

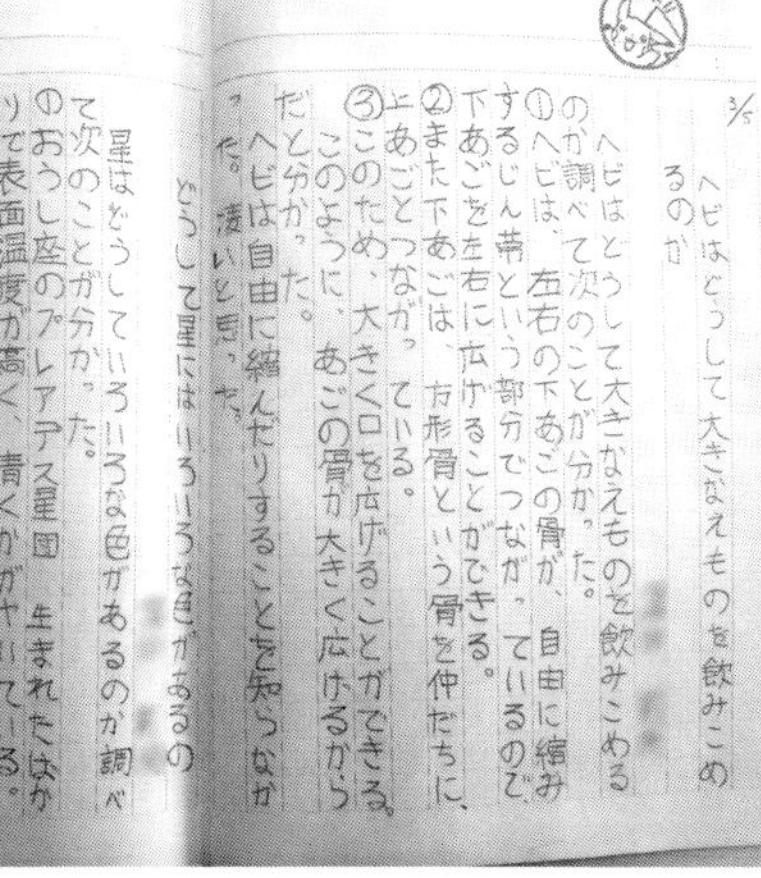

3/5

ヘビはどうして大きなえものを飲みこめるのか

ヘビはどうして大きなえものを飲みこめるのか調べて次のことが分かった。
①ヘビは、左右の下あごの骨が、自由に縮みするじん帯という部分でつながっているので下あごを左右に広げることができる。
②また下あごは、方形骨という骨を仲だちに、上あごとつながっている。
③このため、大きく口を広げることができる。
このように、あごの骨が大きく広げるからだと分かった。

ヘビは自由に縮んだりすることを知らなかった。凄いと思った。

どうして星にはいろいろな色があるのか

星はどうしていろいろな色があるのか調べて次のことが分かった。
①おうし座のプレアデス星団（生まれたばかり）で表面温度が高く、青くかがやいている。
②ぎょしゃ座のカペラ（人間でいえば中年くらいの星）で、黄色く見える。
③オリオン座のベテルギウス（年老いて表面温度が下がり、赤い色になっている。
このように、表面温度の高い星は青っぽく、低い星は赤く見えるからだ。

星には、表面温度だけで色があるなんて知らなかった。びっくりした。

「使った本」

「こどもおもしろ学習館」主婦と生活社

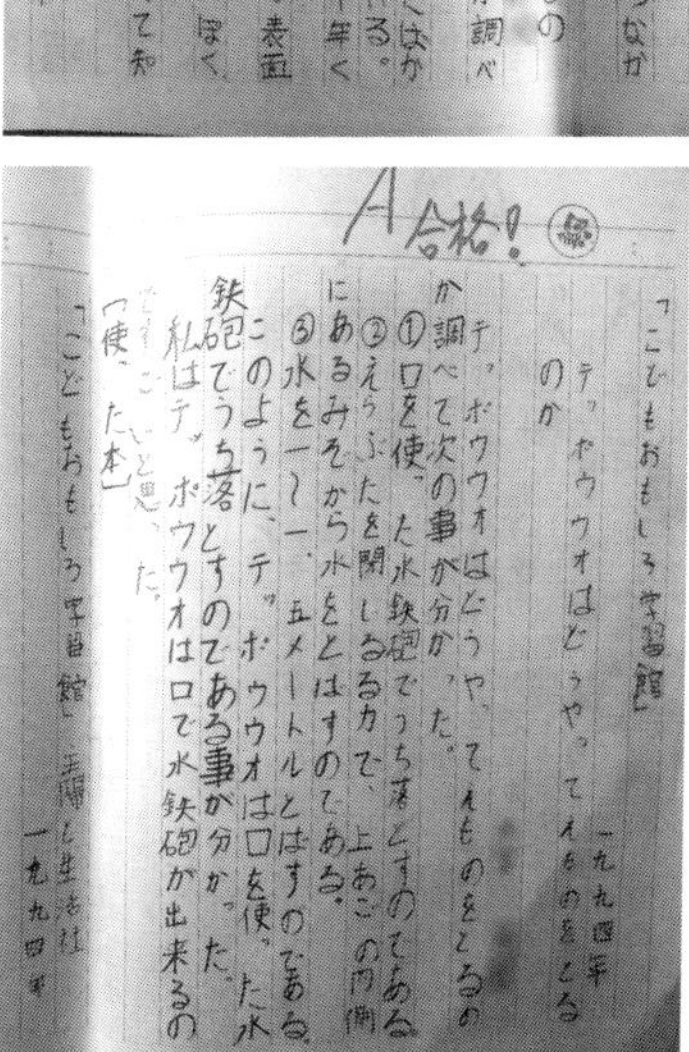

A合格！

テッポウウオはどうやってえものをとるのか

テッポウウオはどうやってえものをとるのか調べて次の事が分かった。
①口を使った水鉄砲でうち落とすのである。
②えらぶたを閉じる力で、上あごの内側にあるみぞから水をとばすのである。
③水を一～一・五メートルとばすのである。
このように、テッポウウオは口を使った水鉄砲でうち落とすのである事が分かった。

私は、テッポウウオは口で水鉄砲が出来るのですごいと思った。

「使った本」

「こどもおもしろ学習館」主婦と生活社　一九九四年

1年間指導したことがリンクする　3・7

1年間、様々な作文指導を行ってきた。例えば、4コマまんが作文である。

また、総合では「野鳥」の学習を行ってきた。年度末になるとこれらがリンクしてくる。こんな作文も登場するようになるのである。面白い。

今度は「豆太」作文　3・7

以前、「ちいちゃん作文」の実践を紹介した。

「論理を教える」
「論理を教える　授業編」
「論理を教える　宿題編」
「ちいちゃん日記シリーズ」

今は「モチモチの木」を使って「豆太作文」に挑戦させている。3年生なりに証拠を文章中から見つけ出す。今回も問いは類似している。

①　豆太は男か女か
②　豆太は大人か子どもか

なかなか鋭いところから証拠を見つけてくる子もいる。

「豆太は、じさまやおとうと比較されているから男だ」などだ。ノートに1ページ以上どんどん書いていく。

3/6　4コマまんが作文

コサギは、川に泳いでいる魚を見つけました。コサギは「魚いた!」と言いました。コサギはおなかがすいていたので、魚を食べようとしました。
すると、カワセミがとんで来ました。えさを横取りしに来たのです。カワセミは、「もーらった!」と言ってえさを取るととんでいってしまいました。コサギはあきらめて
他の魚を探そうとしました。コサギは遠くで音がしました。コサギはそこへ行くと、カワセミが岩にぶつかって気絶していました。コサギは「あ…」と言いました。
そしてコサギは落ちた魚を見つけました。「やったー!」と言うと、その魚を食べました。カワセミだって、あわてるとこうなるのです。

証拠探しと論理的文章のよいトレーニングになります。豆太作文は最終的に、「じさまはひと芝居打ったのか」で討論にまでもっていきます。

豆太作文、追試させてください。全く新しい視点を教えていただきありがとうございます。

3年生さようなら集会の企画書　3・9

今回も実行委員を募って、企画書を作成させた。3年生でも結構すごいものをつくってくる。

今回は「パン食い競争」が提案された。楽しみだ。

写真は「メチャあて」企画書、「フルーツバスケット」企画書、「装飾」企画書。

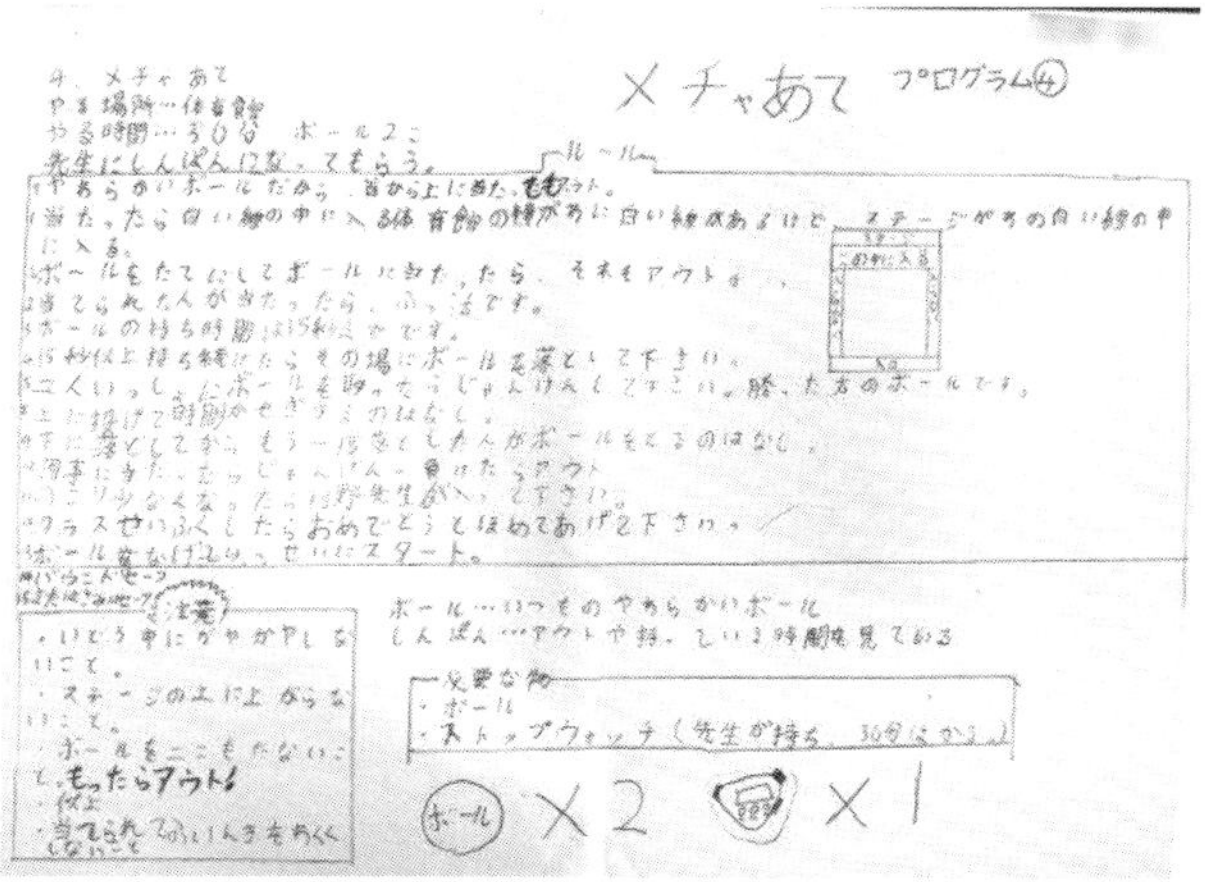

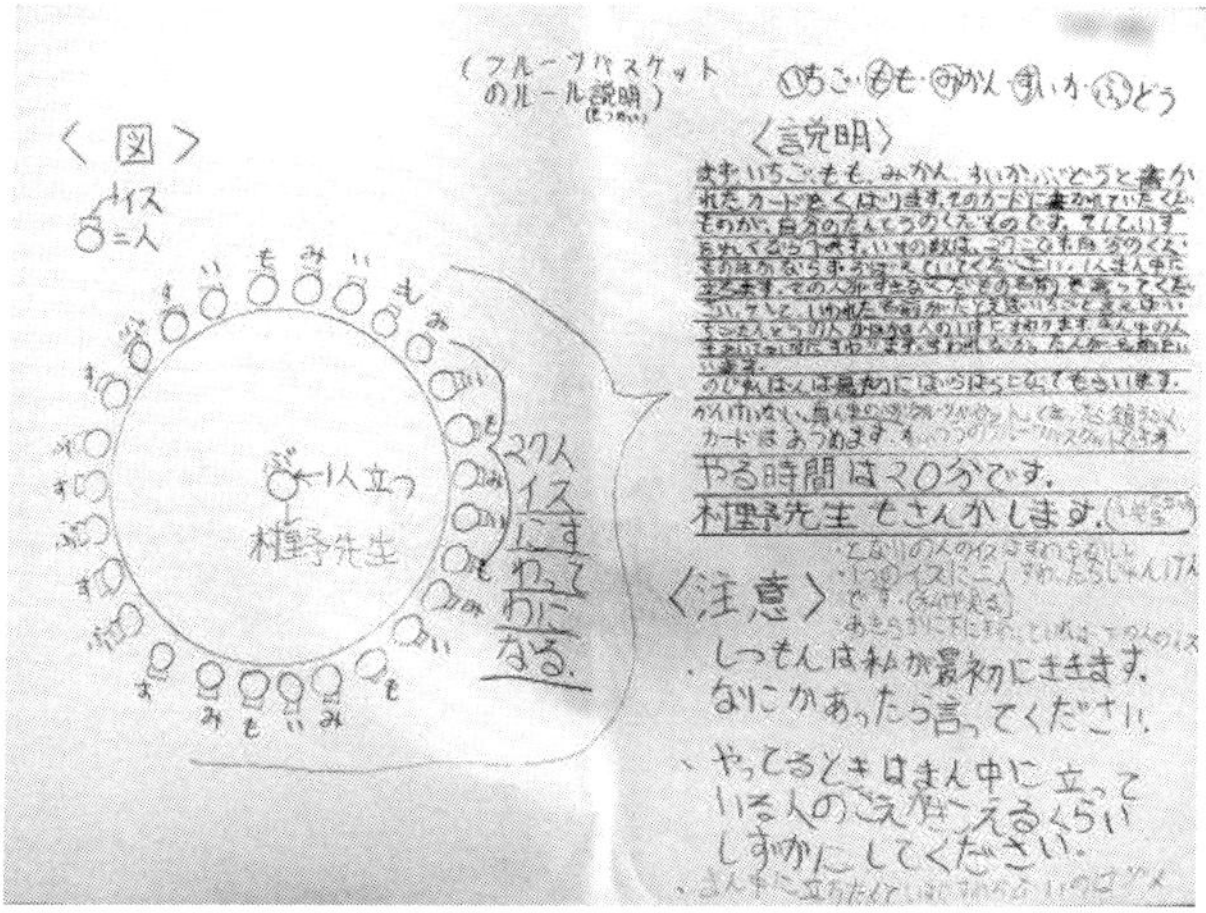

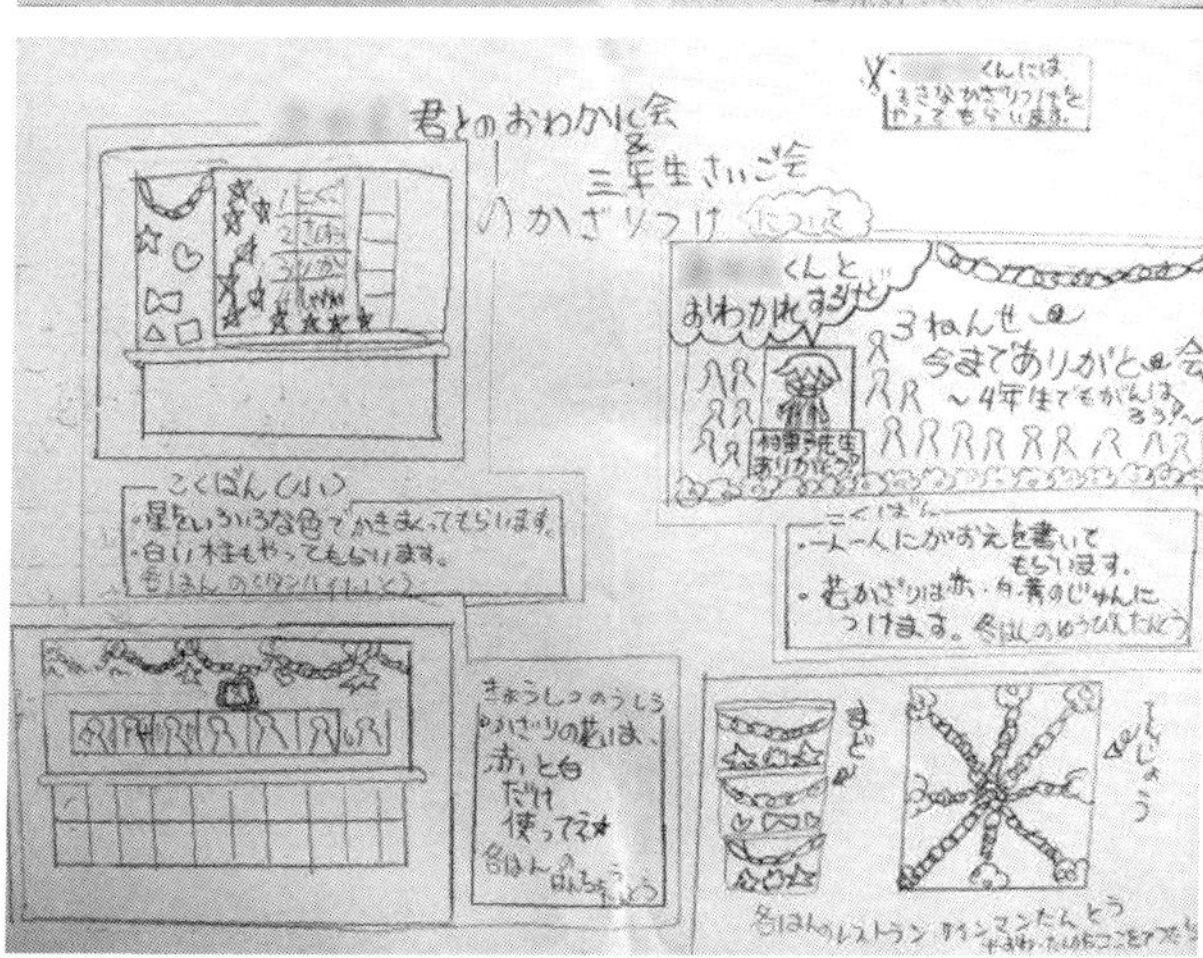

3年社会「昔の道具調べ」① 3・17

みんな気合が入っていました。シーンとなってやってました。

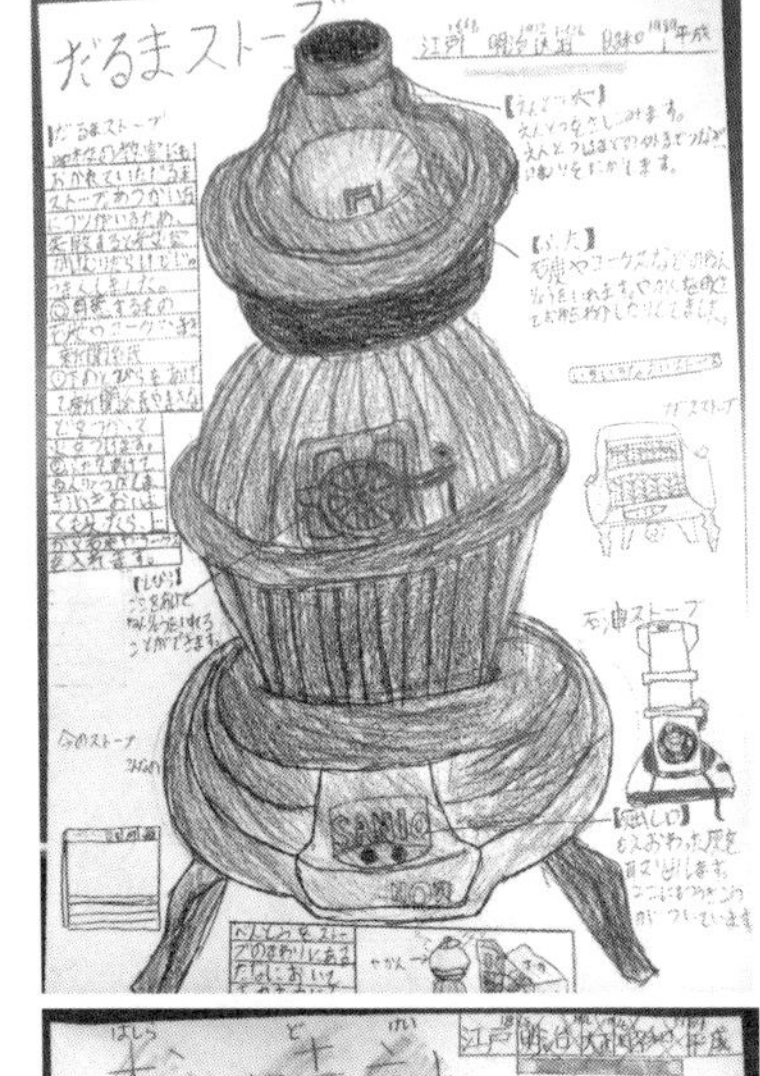

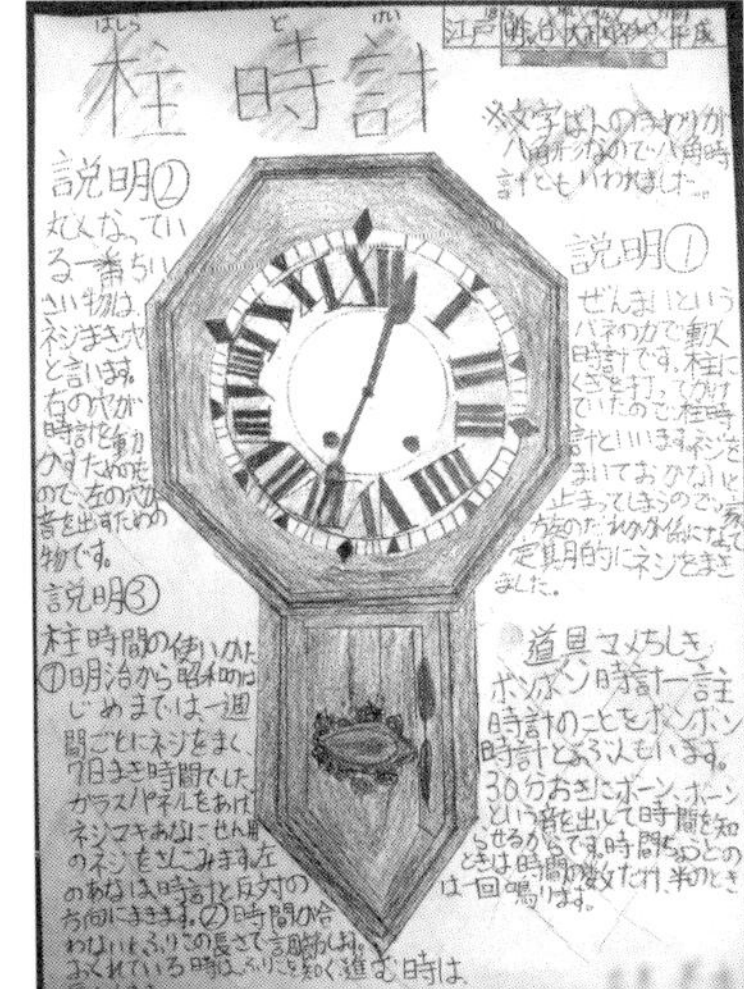

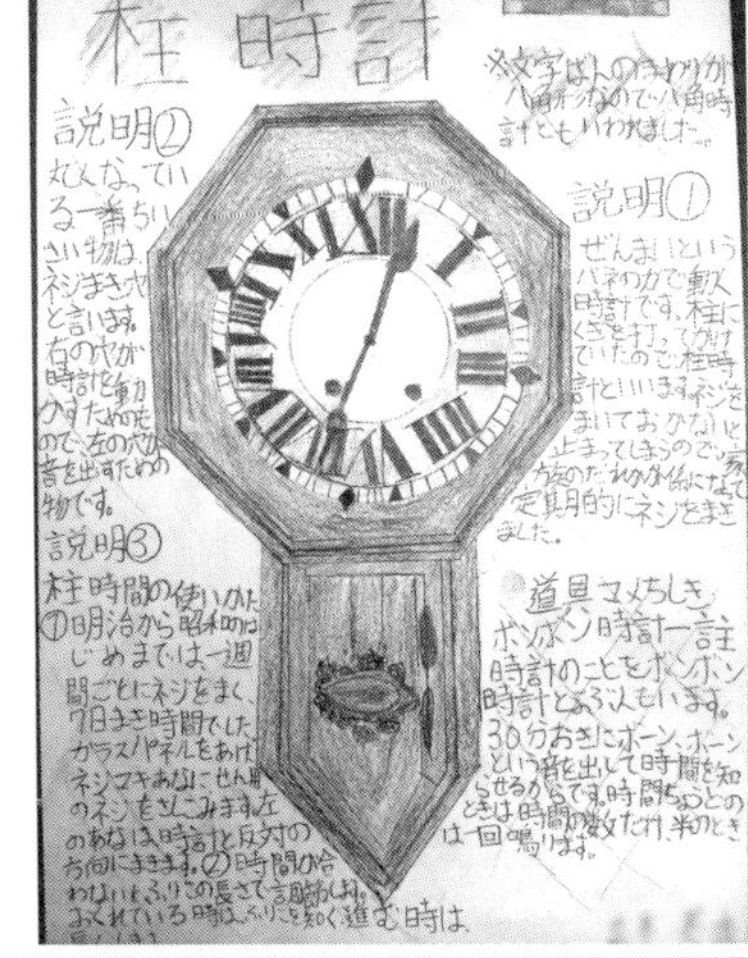

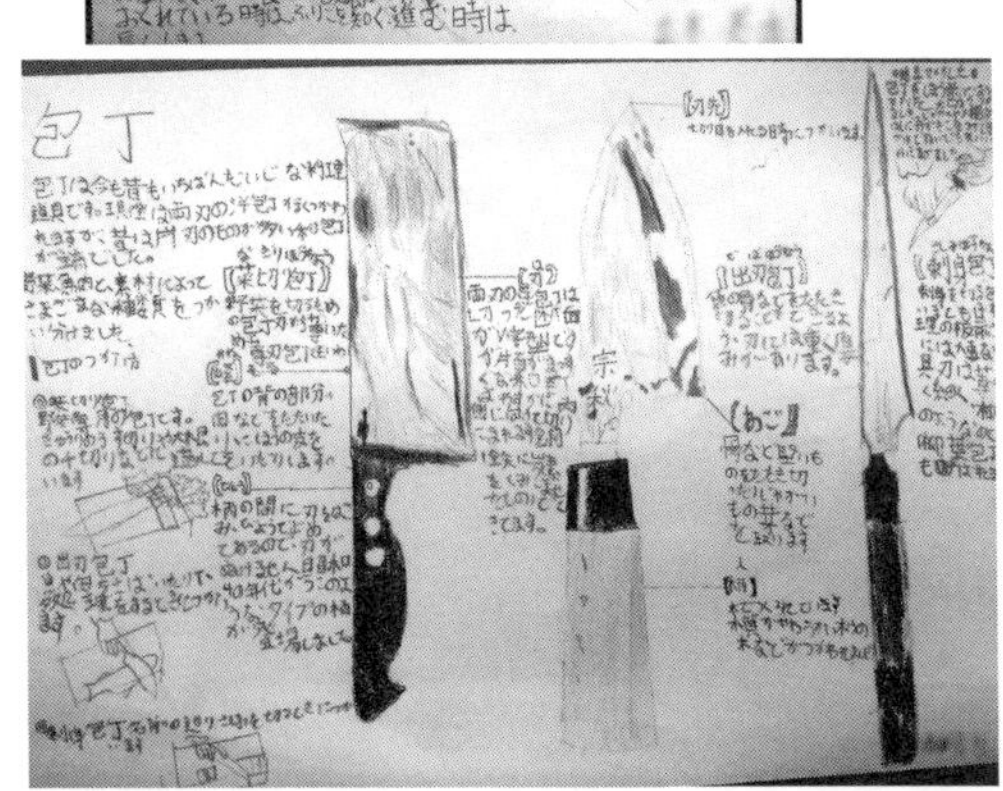

3年社会「昔の道具調べ」② 3・17

八ツ切り画用紙を半分に切ったサイズです。この方が集中するのかなあ。

絵がとても上手ですね！　驚きました！　パーツの説明も細かくて図鑑のようです！

隣の学級の「傑作」を子どもに見せながら、「これに負けたら失格！」と煽った結果です！

村野先生はやさしいか厳しいか　3・17

道徳の最後の授業の討論。教師にいつも敬語を使うべきか……の討論（保坂先生の追試）。

ところが、鍛えられていないので、話が変な方向に！

「厳しい先生には敬語を使ったほうがいい」

「村野先生は厳しいから敬語で話したほうがいい」

「今、村野先生が厳しいといった意見に反対です」

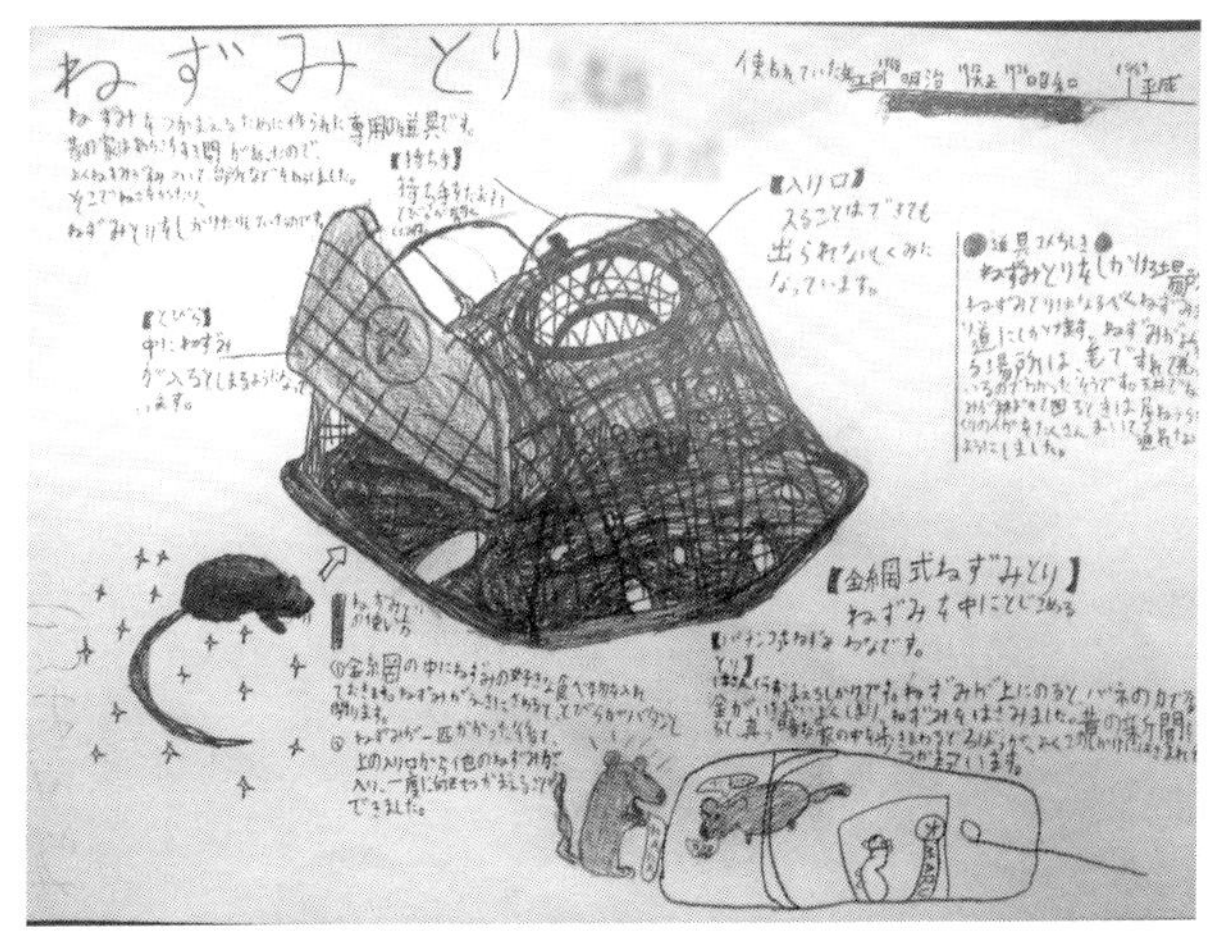

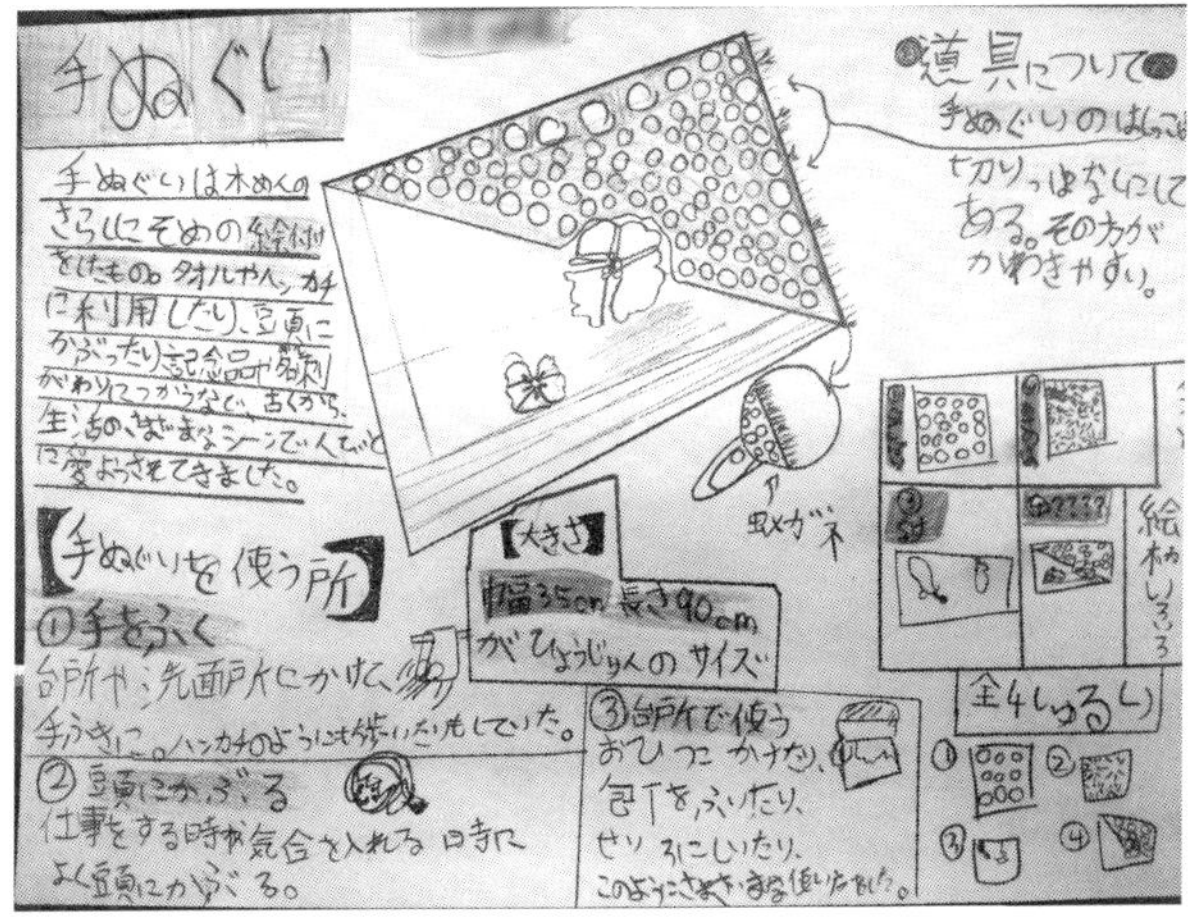

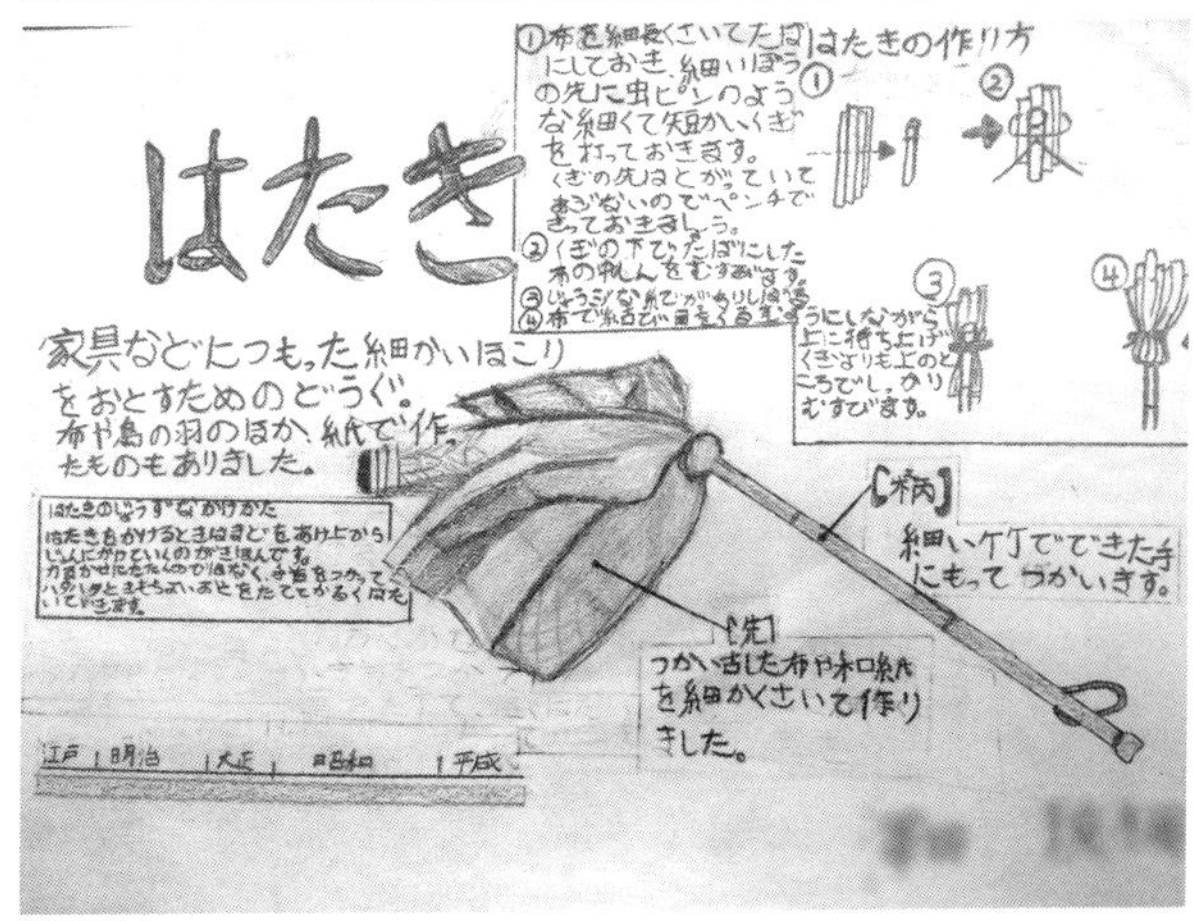

「村野先生はやさしいです」

「僕たちが悪いことをしたときに厳しいだけで、普段はやさしいです」

「でも、厳しいです」

「それは○○君が～なことをするからだと思います」

「村野先生はいつもは面白いしやさしいです」

なんで、私が厳しいかやさしいかの討論してんねん！

どうやら、私は「やさしい先生」のようだということがわかった1時間でした。

ちなみに、最後に出てきた女子の意見。

「あのお、敬語は厳しいから使うとかやさしいから使うとか、そういうことじゃあないんじゃないですか？」

至極もっとも。

いよいよ明日は解散パーティー　3・24

3年生最後のイベント。学級のクライマックス。

あと3日でお別れだ。

別れ 3・26

本日、修了式。3年生の可愛い27名とお別れだった。
大掃除も実によく動いていた。
最後のスピーチも立派だった。
次はまた3年生。荒れ気味の。
楽しみだ。
今年度以上の教育を目指す。新たな挑戦が始まる。

〈著者紹介〉

村野 聡（むらの・さとし）

1963年　東京都生まれ
現在、国立市立国立第六小学校主幹教諭
TOSS青梅教育サークル代表
東京向山型社会研究会所属

【単著】

『二百字限定作文で作文技術のトレーニング』（1996）、『作文技術をトレーニングする作文ワーク集』（1999）、『クロスワードで社会科授業が楽しくなる！』（2005）、『社会科「資料読み取り」トレーニングシート』（2008）、『社会科「重点指導事項」習得面白パズル』（2009）、『新版　社会科「資料読み取り」トレーニングシート5年編』（2010）、『新版　社会科「資料読み取り」トレーニングシート6年編』（2010）、『「ピンポイント作文」トレーニングワーク』（2012）、『ピックアップ式作文指導レシピ33』（2014）　〔以上、明治図書〕

『子どもが一瞬で書き出す！“4コマまんが”作文マジック』（2017）、『200字ピッタリ作文 ★指導ステップ＆楽しい題材テーマ100』（2018）、『“うつす・なおす・つくる”の3ステップ　スラスラ書ける作文ワーク厳選44』（2018）　〔以上、学芸みらい社〕

【共著・共編著】

『イラスト作文スキル　高学年』（2004）、『新版　社会科「資料読み取り」トレーニングシート3・4年編』（2010）　〔以上、明治図書〕

『イラスト版　通常学級での特別支援教育　授業づくり・学級経営場面でパッとできる　支援100』（2018）、『新道徳授業が10倍イキイキ！　対話型ワークシート題材70』（2019）、『4コマまんがで考える　学級モラル・教室マナーのルールBOOK』（2019）　〔以上、学芸みらい社〕

学級経営365日実物資料
～プロの日常活動入手！ 珠玉のダイアリー～

2020年4月15日　初版発行

著　者　村野　聡
本文イラスト　辻野裕美
発行者　小島直人
発行所　株式会社 学芸みらい社
〒162-0833 東京都新宿区箪笥町31 箪笥町SKビル
電話番号 03-5227-1266
http://www.gakugeimirai.jp/
e-mail : info@gakugeimirai.jp
印刷所・製本所　藤原印刷株式会社
企画　樋口雅子　校正　菅　洋子
DTP組版／カバー装丁　星島正明

落丁・乱丁本は弊社宛てにお送りください。送料弊社負担でお取り替えいたします。

ISBN978-4-909783-28-8 C3037

学芸みらい社の **新刊**

日本全国の書店や、アマゾン他の
ネット書店で注文・購入できます！

新道徳授業が10倍イキイキ！対話型ワークシート題材70

―全単元評価語一覧付き―

村野聡・保坂雅幸 編著

A5判並製152ページ　ソフトカバー
定価：本体2000円＋税

目　次

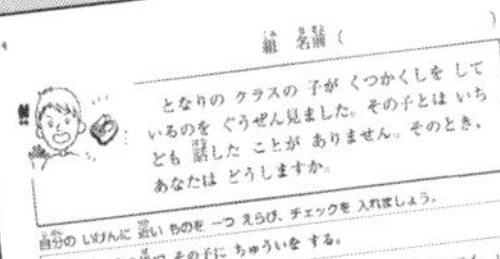

ワークシートは低・中・高別で

A 自分自身に関すること

B 人との関わりに関すること

C 集団や社会との関わりに関すること

D 生命や自然、崇高なものとの関わりに関すること

の4項目ごとに題材例を提示

村野 聡 著作 ——— 予告編

どのページも「すぐ使える本」として
全国の教師から圧倒的支持

予告編ラインナップ

1 今、教師としてどう生きるか
— 子ども・仲間とつながる SNS 発信のヒミツ

今、教職志願者が全国的に激減。ニュースを見ているとツライ職業の代表格？いえいえ、この村野ダイアリーの如く教師生活 100% 満タン充実できるのだ。

2 “国語つまづき・誤答”には法則がある
—「私わ→私は」をどう教える— 事例 50

話し言葉と書き言葉の表記でのつまずき例や、「つまづき」か「つまずき」か？現代語の変化、長音・拗音・促音・撥音の表記アイデアなど、おさえどころを紹介。

3 国語教科書から面白発問クイズ
— AL 的授業にぴったりネタ 100—

教師の資質能力の基本は「教科書を使いこなす指導力だ」といわれている。教科書の表記からくり出す Q をはじめ、トビラの詩、デジタル教材との融合 Q など事例豊富。

4 子どもも夢中 基礎基本知識の面白すごろく
— これなら覚えれる？エピソード 50

遊び心のある勉強なら大キライな子はいない！子どもが夢中になるゲーム感覚で小学校在学中に必ず習得させるべき基礎基本知識を、すごろくに入れ込み紹介。

5 子どもがどんどん書く日記指導
— 授業と連動させるヒント？

毎日やったことしか子供の本当の力にはならない。日記も同様である。しかし、習慣になるまでは面倒と敬遠しがち。そこを授業と連動させると、あら不思議議が起こる！